理論に基づいた

「学習」を目指して…

教室の中のワーキングメモリ

弱さのある子に配慮した支援

村 暁 著

明治図書

まえがき

私は学習や社会生活力に困難のある子どもへの支援を行う中で、ワーキングメモリに弱さがある人にたくさん出会ってきました。ワーキングメモリとは何かの目的のために必要な情報を一時的に覚えておく記憶の働きです。そこに著しい弱さがあると学習や社会生活で困難が生じることがあるのです。ある子どもはどこにでもいる小学生でしたが、物事を忘れやすく学習に困難がありました。ある人は難関大学に合格する学力がありましたが、どの試験管に何の試薬を入れたのかを覚えられず在学中からひきこもっていました。別の大学生は極度な忘れっぽさを補って余る人間性と努力によって順調な学生生活を送りましたが、就職が決まった後にミスから、単位が一つ取れずに卒業延期となりました。発達障害や知的障害、肢体不自由、病弱のある子どもにおいてもワーキングメモリに弱さのある場合があります。

ハサミやドアノブの位置が、右利きの人に合わせてあるために左利きの人が不便を感じるように、学校や社会はワーキングメモリに弱さのない人を前提として作られていて、ワーキングメモリに弱さのある人は学びづらく生きづらいものです。

このようなワーキングメモリに弱さのある子どもへ適切な支援を行うためには、ワーキングメモリの理論とそれに基づく支援について知ることが支援者を支える力になります。かつてある学校の先生から、理論はすぐに役立たないという趣旨から「理屈はよいからやり方だけを教えてほしい」と言われたことがあります。確かに理論的なモデルについての論文を読んでも、今、目の前の作文に困難がある子どもへの支援の方法が具体的に分かるわけではありません。それでも理論と実践は切り離すことはできません。私にとって例えるなら理論とは方位磁石のようなものです。どの方向に進めばよいのかを教えてくれます。目の前の山や川をどうやって越えていくのかは教えてくれませんが、それを考えて実行し地図を作っていくのは実践に携わる人（理論家であっても実践家であっても）の仕事であると思います。その作業においてやっぱり方位磁石は欠かせないのです。

本書ではこのような考え方に基づき、実践のためにワーキングメモリの理論をどう理解するのか、ワーキングメモリの理論に対応させた実践をどう作るのかを説明しました。ワーキングメモリに弱さのある人の生きづらさと学びづらさが軽減するとともに、支援者の「どう支援したらいいのか？」という困惑が少しでも減少することにつながれば幸いです。

著者　河村　暁

第1章 「ワーキングメモリ」と学習の基礎基本

第2章 「ワーキングメモリ」に配慮した学習づくり

第3章

「ワーキングメモリ」を鍛える学習アイデア

＊本書中で登場する個人に関する記載やワーキングメモリのテスト例は、解説のために作っているものので実際とは異なります。
また、掲載したようなテストを子どもに練習させないでください。実際のテストで学習効果が出てしまい正確な結果が出なくなってしまいます。

第1章

「ワーキングメモリ」と学習の基礎基本

1

ワーキングメモリはエラーする

ワーキングメモリという言葉は広く知られるようになりました。ワーキングメモリとは何なのかを理解するためには、そのエラーをみていくと分かりやすいものです。まず子どものワーキングメモリのエラーを考えてみましょう。

一時的に記憶する

隣の部屋に鉛筆を取りに行って何を取りに来たのか忘れたことはないでしょうか。何かを取りに来たのに思い出せないと途方に暮れ、目的を失ったままウロウロしてしまいます。そしてなぜか元々いた場所に戻ると思い出せるのです。このようなエラーは一時的に情報を覚えておくことに失敗した例です。「一時的に」というのは鉛筆についての知識が記憶から失われたわけではないということです。例えば鉛筆を見て「なんだろう、このとんがった棒は…」と思うわけではありません。あくまでも「何を取りに来たのか」を忘れただけなのです。

何かの目的のために一時的に情報を覚えておく働きは、ワーキングメモリと呼ばれます。子どもが学習するとき、このワーキングメモリの働きが重要であることが多くの研究から明らかになってきました。これは考えてみますと随分不思議なことです。学習した知識や経験は「一時的」に覚えていることではなく、「長期的」に覚えていることだからです。本書ではワーキングメモリが学習に果たす役割と、子どものワーキングメモリの困難、それに対応する支援についてお話ししていきます。

ここが子どもをみるポイント

ワーキングメモリのエラーに気づく

最初に子どものワーキングメモリのエラーに気づくことが重要です。こんなことはないでしょうか。

授業中に手を挙げた子どもを当てると、立ち上がってから「何を言おうとしたのか忘れた」と言います。立ち上がったときに「別の部屋へ行った」ことと同じような現象が生じて忘れてしまったのです（ですから案外、座ったときに思い出しているかもしれません）。話しているうちに脱線し、元々何を話していたのか忘れてしまうこともあります。緊張して話すことが頭に思い浮かばなくなることもあります。

黒板の文字をノートに写すとき、他の子どもの何倍も頭が上がったり下がったりしている子どもがいます。一度にたくさんの文字や言葉を覚えることに失敗し、1文字ずつ写しているのです。三つの指示を出したら一つしか覚えていないとか、忘れ物が多いとか、分かりやすいエラーもある一方で、分かりにくいエラーもあります。

計算ミスにはワーキングメモリのエラーが影響している場合があります。普通18＋27を暗算で解こうとすると頭に筆算を思い浮かべて一の位を計算します。次に十の位を計算するときは一の位の数と、繰り上がった数とを覚えておくことが必要です。そのとき繰り上がりを忘れて十の位を3と書いたりするのです。ワーキングメモリに弱さのある子どもが中学生になって方程式で移項してマイナスの記号を書き写し忘れることもよくあります。

ワーキングメモリのエラーが多い子どもは「メモを取りなさい」と言われがちです。しかし、そもそもメモを取るにはワーキングメモリの働きが必要です。例えばメモを取るべき場面でペンを探した途端に、あるいはペン先が紙に触れた途端に、何を書こうとしていたのか忘れるのです。計算ミスの多い子どもが、暗算が苦手なのに計算を書きたがらないのはメモの苦手さも影響していることがあります。

服を脱ぎっぱなしなのは、服を着て次にすることに注意を向けているので脱いだ服のことを忘れているのです。体育で示された動作の形や順番を覚えられない子どももいます。生活、学習、日常のあらゆる場面でワーキングメモリの働きは必要です。ワーキングメモリのエラーに着目し、支援の手がかりを得ましょう。

2

ワーキングメモリには言語領域と視空間領域がある

私たちは何かを覚えるとき、言葉にしたり絵のようなイメージにしたりします。このようなワーキングメモリの言語領域と視空間領域の違いを知っておくと、子どもを支援するときに役立ちます。

言語領域と視空間領域とは

日常生活や学習の中では様々な種類の情報を一時的に記憶することが繰り返されています。図のドットの数を1、2、3…と、一つずつ数え上げてみましょう。10個あると分かるためには「いち、にい、さん…」と言葉で数を覚えておき、数えたドットの位置も正確に覚えておく必要があります。一つ実験してみましょう。口の中で「あいうえおかきくけこ」と繰り返し言い続けながら数えてみましょう。すると「あいうえお」と、「いちにいさん」という言葉が干渉し、もはや数えることはできません。しかし「あいうえお」と言いながらでもドットを指差すことは重複も余すこともなく最後までできます。言葉とドットの位置は情報の種類が異なり、干渉されにくいのです。

このようなことから一時的に覚える情報には異なる種類があることが分かります。言葉について覚えるのは「言語領域」で、形や位置について覚えるのは「視空間領域」と呼びます（湯澤・湯澤、2017を参照）。

齊藤（2000）の説明を修正して用いた

学習の中の言語領域と視空間領域

様々な学習の中に言語領域と視空間領域が含まれています。

漢字の読み学習では「船」という字形（視空間領域）に対して「ふね」という音（言語領域）を結びつけて覚えます。算数でも「□」という形（視空間領域）に対して「せいほうけい」という音（言語領域）を結びつけて覚えます。友達の家までの道のりは地図や風景（視空間領域）として覚えたり、言葉（言語領域）で覚えたりします。

ここが子どもをみるポイント

言語領域に弱さのある子ども、視空間領域に弱さのある子どもがいる

ワーキングメモリの特性には個人差があって、言語領域が弱い子ども、視空間領域が弱い子どもがいます。例えば友達の家までの道順を覚えるとき、前者は地図で覚えることを好んだり、後者は言葉で覚えることを好んだりします（図①）。視空間領域の弱さと言語領域の強さのある人が図②のような地図を描いたことがあります。これは「家を出てコンビニを右に曲がり…」という言葉をそのまま地図に置き換えたものです。視空間領域に強さのある人ならば全体をまず描いてからその中に道の線を描き込むでしょう。

学習支援を行うときは、子どもの言語領域や視空間領域の強さ弱さに応じてやり方を調整する必要があります。

区別は容易ではない

ところで絵なら「視空間領域」、言葉なら「言語領域」というシンプルな区別は危険です。例えば「☆」という絵を見たとき、私たちは「ほし」と言葉で覚えます。どのように情報が示されたかではなく、私たちのワーキングメモリでどのように覚えるかが「言語領域」と「視空間領域」の違いなのです。

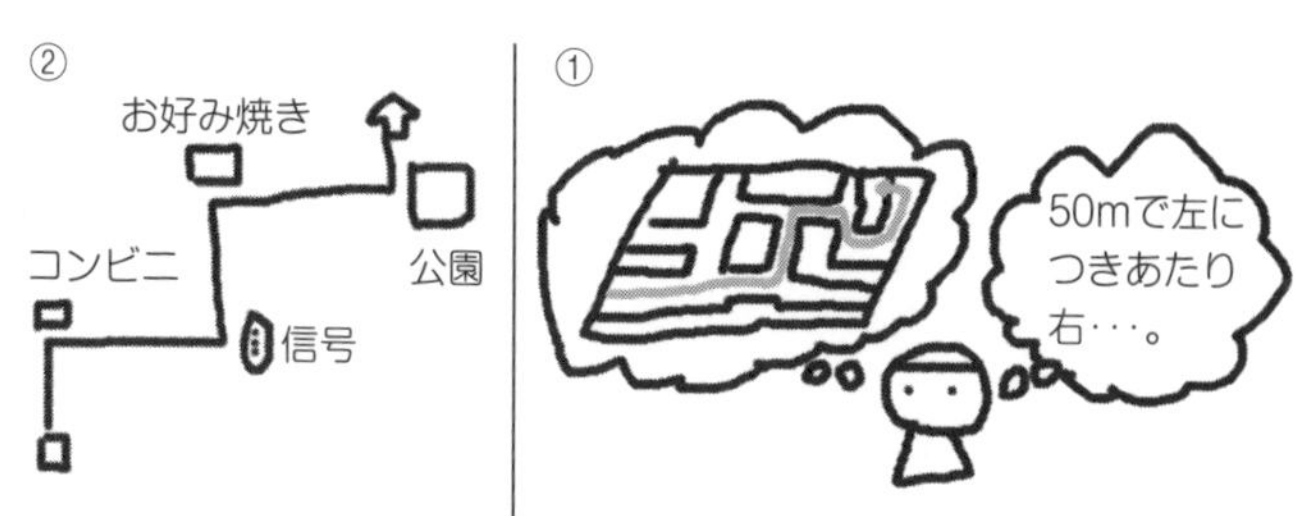

3 ワーキングメモリには「保持」と「処理＋保持」がある

学習の中では情報を単に覚えるような場面と、何かをしながら覚える場面とがあります。普段は自然と行われていることなので、それに気づかれないことがありますす。ここではそのような情報の保持と、処理＋保持について考えます。

保持と処理＋保持とは

電話番号を聞いてメモするまでは覚えておく、作業手順を聞いて覚えておく、といった情報の保持は日常生活で重要な働きです。しかしこのようなシングルタスクだけでなく、日常生活では何かをしながら（情報の処理）、何かを覚えておく（情報の保持）、つまりマルチタスクが頻繁に求められます。ヤカンを火にかけながら掃除をしていたら、うっかりヤカンのことを忘れてしまう、話が盛り上がって脱線したら元々何の話をしていたのか思い出せない、これらは、情報の処理が加わったために保持に失敗したのです。

学習の中の保持と処理＋保持

学習の中には保持が強く要求されるもの、処理＋保持が要求されるものがあります。例えば漢字の読み方をその場で覚えることは保持が強く求められます。しかし読書の中で文章を読みながら（処理）、漢字の読み方を覚

自然にあるものの色を利用して絵具を作ってきました。
～～（文章）～～
のちに利用されるようになりました。

最初の「利用」で読み方を見ても、文を読んでいる間に忘れると、二度目の「利用」で読めない。

える（保持）ときは処理＋保持が求められます。

●の数を数えて覚えておくことは保持ですが、●の数を覚えておきながら★の数を数えることは処理＋保持になります。英単語や用語の暗記など保持が必要な場面は分かりやすいですが、処理＋保持は気づかれにくいときがあります。例えば教室移動をしながら（処理）、教室に着いたら何をするか覚えておく（保持）、暗算のとき十の位を計算しながら（処理）、一の位の数を覚えておく（保持）などです。

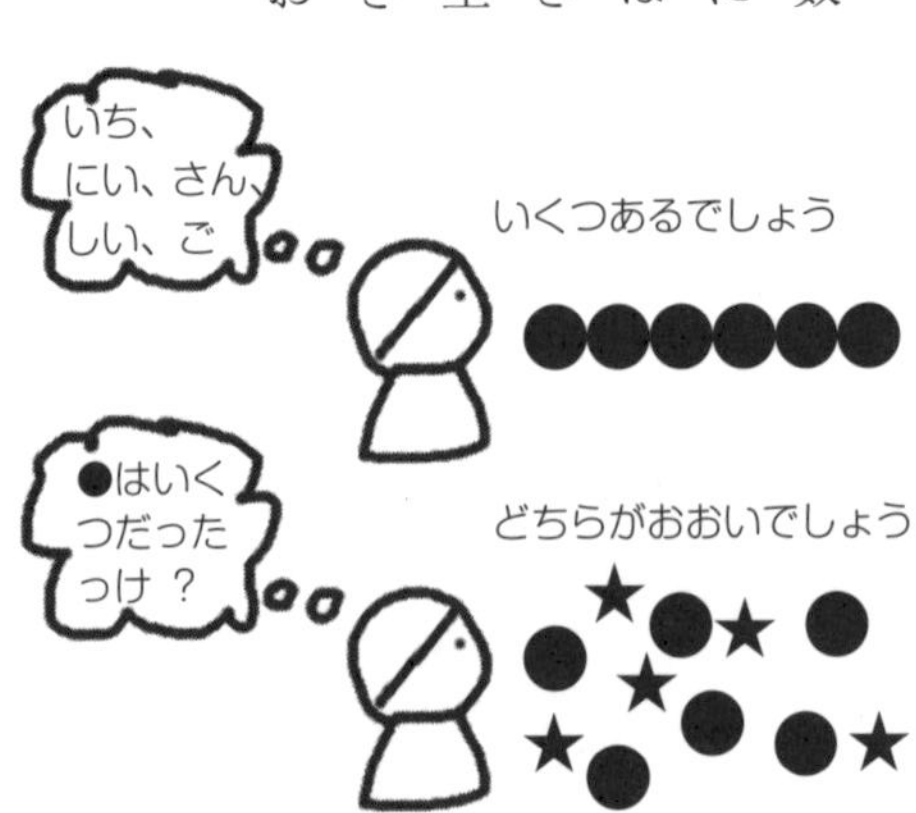

ここが子どもをみるポイント

保持に弱さのある子ども、処理＋保持に弱さのある子どもがいる

子どもの中にはそもそも保持の弱さがある子どもがいます。いくつかの漢字の読み方を

覚えられない、物をしまう位置を覚えられないなどです。一方で、保持は得意ですが、処理が加わると覚えにくい子どもがいます。やるべきことをその場では三つとも復唱できますが、実際に行動を始めると三つのうち二つは忘れてしまいます。また、子どもの中には情報の保持が苦手でも、処理をしながら保持できる数にはそれほど影響しない子どももいます。保持だけに集中しても三つのうち二つしか覚えられないのに、何か行動しながらでも二つは覚えているのです。子どもの多様な特性を保持と処理＋保持の観点から見直すことは適切な支援のために大事なことです。

自動化すると「処理」が薄れる

年齢の低い子どもでは「いち、にい、さん…」と言葉だけなら正しく10まで言えても、物の数を数える際は「…よん、ろく、なな…」のように数え飛ばしてしまうことがあります。どの物を数えるか選ぶことに注意を奪われ（処理）、どこまで数えたのかを覚えておくこと（保持）に失敗したのです。次第に物を選ぶことが自動的にできるようになると間違えなくなっていきます。つまり同じ課題であっても、ある子どもにとっては処理＋保持となりますし、別の子どもには保持だけとなるので、注意が必要です。

4 ワーキングメモリと長期記憶は区別されるが関係は深い

一般的に「記憶」と言えば、その人の持っている知識・経験というイメージがあります。ワーキングメモリはこれとどのように区別され、またどのように重なる点があるのかを、考えていきます。

長期記憶とは

「パンと牛乳とコップを取ってきて」と頼まれたとき、子どもは、ワーキングメモリに一時的に情報を保持して台所に行くことになります。このような「短期」の記憶に対して、牛乳が何であるかを知っているという知識は「長期」の記憶（長期記憶）と呼ばれ、区別されます。例えば牛乳を持ってくるのを忘れたとしても、ワーキングメモリから情報が失われただけであって、長期記憶から情報が失われたわけではありません。だから牛乳を見ても「この白いものは何だろう」と思うわけではありません。

学習におけるワーキングメモリと長期記憶の関係

情報を車に例えるならば、長期記憶は駐車場に、ワーキングメモリは駐車場につながる道路にあたります。駐車場には十分にスペースがあるのに道路が狭いと交通渋滞を起こします。1台も駐車できないこともあります。ワーキングメモリに弱さのある子どもの中には一度にたくさんの情報に接すると混乱してイライラし、怒る子どももいます。情報が交通渋滞を起こすとつらいのです。

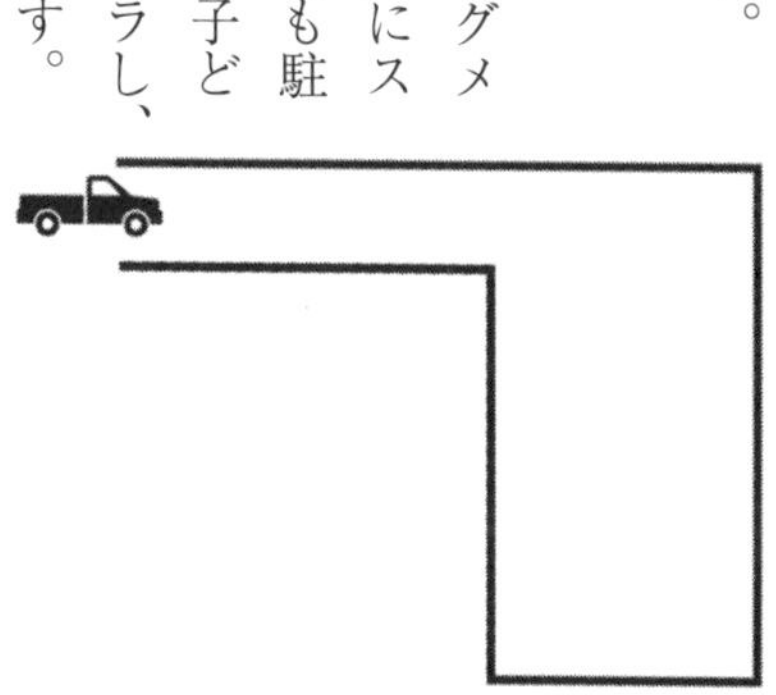

ワーキングメモリと長期記憶の役割分担

ワーキングメモリに保持した情報は、役割を終えたら忘れられなければいけません。もし「ごはんと味噌汁とお箸を持ってきて」と頼まれたのに、昨日聞いた「パンと牛乳とコップ」を忘れられず持ってくるようでは困ります。これとは反対に長期記憶における知識は忘れては困るものです。覚えることのできる数も異なります。ワーキングメモリに一度に覚えられる情報量はとても限られたもので、持ってくるものを10個言われたら覚えていられません。対して長期記憶に蓄積できる知識はそれよりも遥かに多いものです。

ワーキングメモリに制約があるが故に私たちは情報に共通点や本質を見出し整理します。

ワーキングメモリを支える長期記憶

ここまでワーキングメモリと長期記憶の違いについて説明しましたが、この二つはとても関係が深いものでもあります。例えば「けぬ、まそ、たゆ」という実在しない言葉と「とり、うま、ゆき」という実在する言葉を覚えるよう言われたとき、情報が残りやすいのは後者の方です。一時的に情報を覚える場面であっても、長期記憶の知識が支えとなって、より多くの言葉を覚えることができるのです。ワーキングメモリに困難があるのにゲームのキャラクターの名前はすぐに覚えることができる子ども、漢字の読み方は覚えにくいのに電車の型番は覚えやすい子どもがいますが、不思議なことではありません。それは長期記憶にゲームや電車の知識の枠組みがあって支えになっているからなのです。

ワーキングメモリと長期記憶は区別されるものの関係が深いものと言えます。

ここが子どもをみるポイント

短期と長期の視点から子どもをみる

ワーキングメモリに弱さのある子どもが新しい学習では混乱してイライラしていたのに、学習の経験を重ねると「自分は最初ゆっくりだけど、いったん分かればよく理解できる」と言うことがあります。短期と長期の視点からこうした子ども自身の理解を肯定的に支えていきましょう。逆に情報を短期的にその場ではよく覚えるが、長期的に1週間あるいは1日もすると忘れている子どもがいます。子どもの特性に応じた支援のやり方を考えていきます。

5 ワーキングメモリを可視化するテストバッテリを組む

ここまでお話ししてきたワーキングメモリについての考え方をモデルの図からまとめましょう。また子どものワーキングメモリの特性を可視化することができるワーキングメモリのテストについて知りましょう。

ワーキングメモリモデル

ここまでワーキングメモリについて①言語領域と視空間領域、②保持と処理＋保持、③短期の記憶と長期の記憶の三つの視点から説明してきました。これらが図式化されているのがワーキングメモリモデルです。最もよく知られたワーキングメモリのモデルにバドリーのモデル（齊藤・三宅、2014を参照）があります。実はこれ以外にもいくつもワーキングメモリのモデルは提案されているのですが、学習支援を行う際にバドリーのモデルの枠組みはとても活用しやすいものになっています。

言語領域と視空間領域はそれぞれ音韻ループ、視空間スケッチパッドとして示されています。またそれらは保持を担う要素であり、

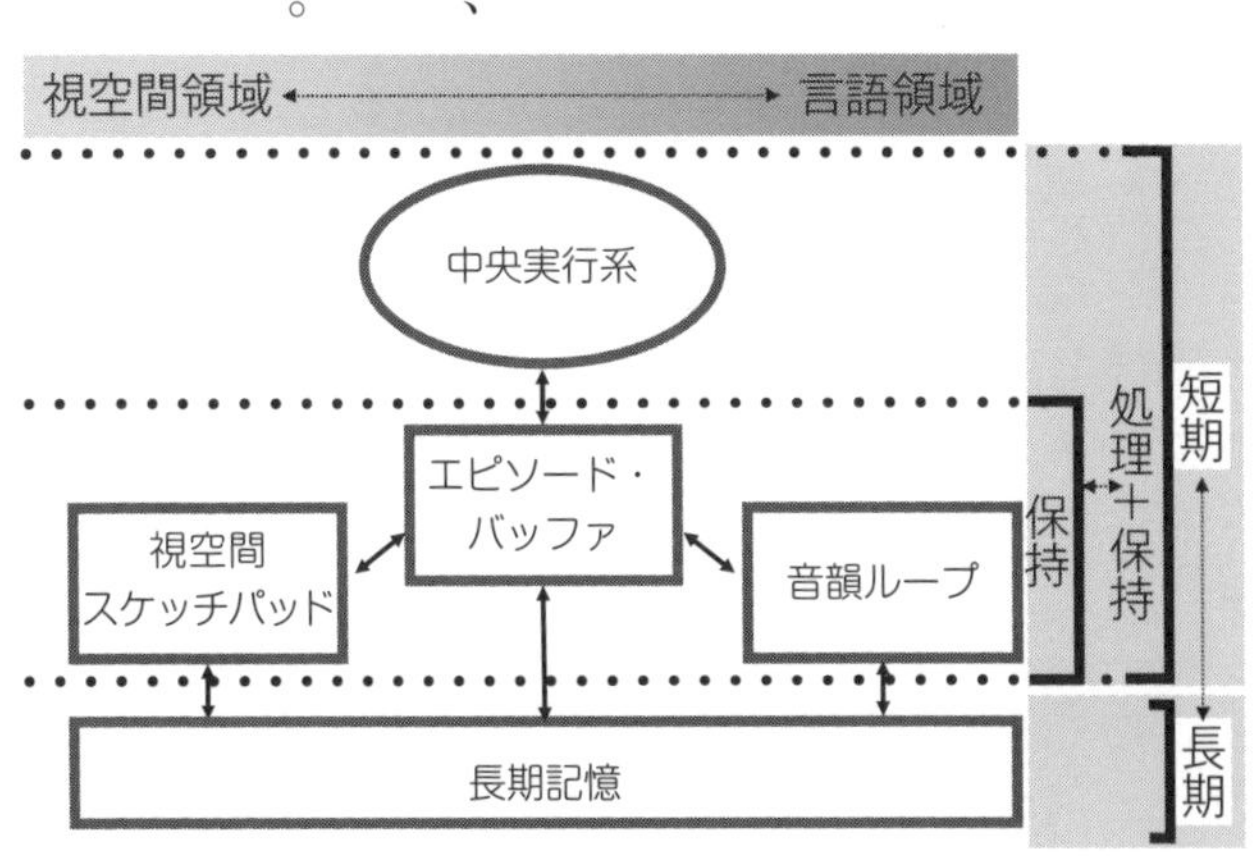

参考：齊藤智・三宅晶（2014）．ワーキングメモリ理論とその教育的応用．In 湯澤正通・湯澤美紀．ワーキングメモリと教育．北大路書房，pp.3-25をもとに筆者が説明を加えた

これに対して処理を担う中央実行系を含めて処理＋保持が示されています。短期の記憶と長期の記憶はそれぞれ上下に示されています。支援の際はこのようなモデルを念頭に置いておくと、子どもの特性を観察し、理解するときに役立ちます。

ワーキングメモリのテストバッテリができる

バドリーのモデルは1970年代に実験的な研究に基づいて提案されました。さらに1980年代にはダーネマンらが処理を行いながら保持をするワーキングメモリのテストを開発して、読解テストとの関連を明らかにしました。その後も多くの研究が蓄積されていきます。ワーキングメモリを複数のテストの組み合わせによって測定しようとするテストバッテリは2000年代に構成されました。これによってそれぞれの子どものワーキングメモリの特性を把握し、子どものワーキングメモリの特性と学習との関連を明らかにする研究が進展しました。

ワーキングメモリのテストバッテリはおよそ10課題程度のテストからなるものが多く、言葉を覚えるテスト、図形を覚えるテスト、何かの処理をしながら言葉や図形を覚えるテストなどが含まれています。英語圏の研究や実践ではAWMA-2がしばしば用いられ（大塚、2014を参照)、日本ではHUCRoWが開発されています(湯澤正通・湯澤美紀、2017を参照)。また現在のウェクスラー式の個別式知能検査はワーキングメモリの指標を含んだものになっています。長期記憶に関してはワーキングメモリテストバッテリに含まれていないので、これ以外の語彙のテストや個別式知能検査の知識を問うテストを参考にします。

ワーキングメモリのテストバッテリを活用する

ワーキングメモリのテストバッテリを子どもが受けると、ワーキングメモリの強さ、弱さがプロフィールとして表されます。例えば言語領域は強いが視空間領域が弱い、保持は強いが処理+保持は弱い、などの特性が分かります。これを学習の困難さと照らし合わせて、なぜ困難が生じているのかを分析し、適切な学習支援につなげていきます。

6

ワーキングメモリは年齢により変化する

学習の支援を行うとき、ワーキングメモリがどのように発達するのか、どのような個人間差があるのかを知っておくことは重要です。発達を踏まえた長期的な視点から支援を行っていきましょう。

ワーキングメモリは年齢によって変化する

できるだけたくさんの言葉をその場で覚えるテストを行うと、図のように年齢が低いときはたくさん覚えることは難しく、青年期にかけて得点は上昇します。青年期を頂上としてゆるやかに得点が下降していきます。加齢とともに丸暗記が利かなくなったと感じるのはこのためです。読み障害のある人では年齢の低いときから得点が低いですが年齢が増すにつれて得点も上昇していきます。しかし読み障害のない人に追いつかずに得点が下降してしまいます。

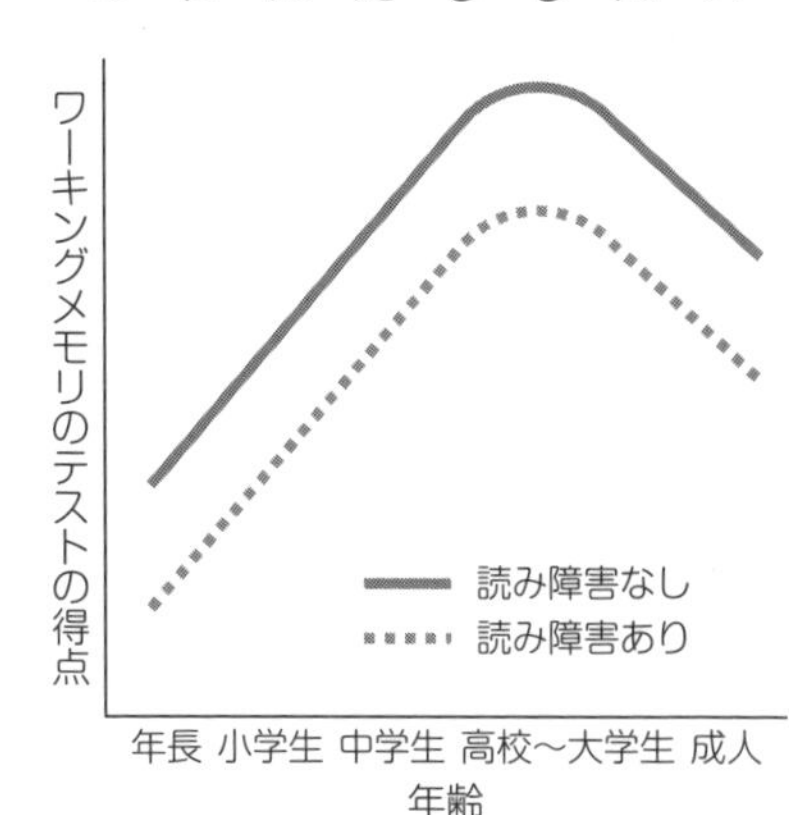

Siegel, L.S. (1994) を参考

何に気をつけるとよいか

このようなワーキングメモリの特性から、支援者が子どもに学習支援をするとき注意すべきことが分かります。第一に子どもは大人に比べて覚えることのできる数が随分と少ないことです。大人は子どもに指示を出すとき、情報の個数を自分が覚えられると思うより

もかなり減らす必要があります。第二に読み障害のある子どもに接するときは、読みだけでなく、ワーキングメモリに弱さがある可能性も想定する必要があることです。例えば指示を覚えることが難しいのでメモを使おうとしても、読むことが難しいのでメモを活用しにくいといったように、効果的な支援を打ちにくいのです。第三に読み障害のある人では、大人になってもワーキングメモリの弱さの影響がある可能性があることです。例えば就職し新しい仕事を始めるとき、手順を覚えることに困難が生じるかもしれません。

ワーキングメモリと個人間差

グラフでは平均値を示していますが、同じ年齢群でもワーキングメモリの強い子ども、弱い子どもがいます。強い子どもは2~3歳上の範囲に、弱い子どもは2~3歳下の範囲にあると、一つの年齢群の中でワーキングメモリの働きに6歳もの差があることになります(Gathercole & Alloway, 2008)。通常の学級で教えるときは、このような個人間差を念頭に置く必要があります。同じように指示を出しても覚えている子どもと覚えていない子どもがいるのです。大人が子どもに指示をするとき、集中する習慣をつけるために「1回しか言いませんよ」と言うことがあります。これはワーキングメモリに弱さのある子どもにとって酷なことです。1回で覚える習慣をつけたいなら黒板に書いた指示を読んだ後、紙で覆って子どもたちに復唱させてみましょう。思いの外、覚えていないものです。忘れた子どもは後で紙をめくって確認してもよいようにするなど、メモを活用する習慣をつける仕組みを作るとよいでしょう。

新しい課題に取り組むときに気をつけて支援する

ワーキングメモリに弱さのある子どものワーキングメモリも、年齢が増すと力が増してきます。しかし他の子どもも力が増していくので、それに比べると困難さは依然としてあります。特に新しい課題に取り組むとき、より大きな困難さを感じるはずです。

例えばひらがなや漢字の読みが苦手だった子どもが徐々に読めるようになり、日常の学習もゆっくりですが進むようになります。しかしローマ字や英語の学習が始まるとまた大きな困難を示すのです。また大学に進学して新しい環境に入ったときや、就職して新しいことをたくさん学ぶ必要があるときに弱さが顕在化することもあります。

子どもがこれまでに獲得した知識とは異なる新しい学習が始まるときや新しい環境に入るとき、特に気をつけて支援をする必要があります。

7

ワーキングメモリは学習に影響を与える

ここまでみてきたようにワーキングメモリにはいくつか要素があります。学習の中でこれらのワーキングメモリの要素がどのように関係するのか、具体例とともに考えていきます。

ワーキングメモリと学習

２桁の数の足し算の暗算をするときは、一の位の数の結果を覚えておきながら十の位の数を計算します。読解の学習では指示語「それ」が指すのが何であるのか分かるためには、前に読んだことを覚えておく必要があります。作文ではいろいろな情報を同時に思い浮かべ、覚えておきながら書く必要があります。学習を行うためには情報を一時的に覚えておく働き、ワーキングメモリが必要なのです。ここでは学習の中のワーキングメモリの働きを理解しやすいように、言語領域と視空間領域の観点から考えていきます。

ワーキングメモリの言語領域と学習

ワーキングメモリの言語領域のテストでは「ほし、うま、とり」のような言葉を順番通りに覚えるものがあります。これがたくさん覚えられることは何を意味するのでしょうか。例えば子どもが漢字「星、馬、鳥」の読み方を教わったら、ワーキングメモリで保持して読み方を覚えることができます。もし「ほし、とり、うま」のように順番を間違えてしまったり、「ほし、とり」と情報が脱落してしまったりしたら、「馬」を「とり」と覚えてしまいます。言語領域が強いと漢字の読み方を学習しやすいのです。

比較的低い年齢の子どもを対象とした言語領域のテストには、「やさへおこ」のように実在しない言葉を正確に復唱するものもあります。簡単に思えますが、大人でもアラビア語を正確に復唱することが難しいことと似ています。このようなテストの得点が高ければ新しい言葉を覚えるときに有利で、言葉の音を学習しやすく語彙量を増やしやすいのです。英語のように第二言語を学習するときにも有利です。

「やさへおこ」を「やさおこへ」のように音が入れ替わったり、「やさこ」のように音が脱落したりする子どもがいます。音を正確に保持できないのです。すると実在する「とうもろこし」も「とうろもこし」と音が入れ替わります。こうした入れ替わりが多い子どもでは、いざ文字に書かれた「とうもろこし」の読み方を覚えようとしても、「も」と「ろ」の読み方を間違えて学習してしまいます。また「とうこし」のように音を脱落して覚えている子どもでは、「とう」までは文字に対する音を当てはめることができますが、「も」の文字に「こ」の音を、「ろ」の文字に「し」の音を当てはめることになり、「こし」の字は当てはまる音がないことになります。言語領域に強さがあるとかな文字の読み学習において有利なのです。

読み書き学習以外でも、算数では九九を覚えること、「へいこうしへんけい」のような用語を覚えることなど、言葉を覚える必要がある学習にワーキングメモリの言語領域は重要な役割を果たします。

ワーキングメモリの視空間領域と学習

ワーキングメモリの視空間領域のテストでは図形の形を覚えるものがあります。これが苦手な子どもでは、漢字の書き学習で部首が入れ替わって書くエラーが頻出する場合があります。正確に形を覚えられないのです。また視空間領域のテストでは物の位置を順番通りに覚えるものもあります。これが苦手な子どもでは漢字の書き学習で筆順通りに書くことや、画の位置を正確に覚えることが苦手な場合があります。

読み書き学習以外でも算数の図形問題や計算の概念理解、文章題の理解などイメージや空間的な操作を行う課題で重要な働きがあります。

ただ漢字は読めなければ（見本の書き写しはできてもテストでは）書けません。そのため書けないことが主訴の子どもに、ワーキングメモリの言語領域に弱さがあることはよくあります。特に読みの困難が軽減した後も書きの困難が著しく残っている場合がよくあるので、注意が必要です。

8 ワーキングメモリと学習の困難は複雑に関係する

ここまでワーキングメモリや学習との関係について考えてきました。ここでは学習に困難のある子どものワーキングメモリの特性について、そして決して単純ではない学習との関係についてみていきます。

学習の困難とワーキングメモリの特性

ここまでワーキングメモリの言語領域と視空間領域、保持と処理＋保持の側面、短期の記憶と長期の記憶を、それぞれ対比して説明してきました。学習に困難のある子どもではしばしばこれらについて強さ・弱さがあります。そしてこのような特性には学習の困難や障害によってある程度の傾向がみられます。

例えば読み障害のある子どもでは一般的に言語領域の弱さがみられます。算数障害のある子どもでは視空間領域の弱さがみられる場合があります。ＡＤＨＤのある子どもの場合は処理＋保持に弱さがみられることがあります（発達障害のある子どものワーキングメモリの特性はAlloway, 2010、湯澤・湯澤、2017を参照）。こうした特性を理解することは適切な支援を行うことにつながります。

学習の困難とワーキングメモリの特性は一対一で結びつけられない

一方で学習の困難とワーキングメモリの弱さは一対一で結びつけることはできません。例えば算数障害のある子どもでもワーキングメモリの視空間領域に強さを示す場合はよくみられます。すると「視空間領域に強さがあるのになぜ算数に困難があるのか」とか、ひいては「算数を学習する力はあるけど、できていないのはやる気がないせいだ」と解釈されることもあります。なぜこのようなことが生じるのでしょうか。

ワーキングメモリと学習は複雑に関係する

第一の理由は学習にワーキングメモリが複雑に関わるためです。例えば算数の困難がある子どもでは言語領域に弱さがある場合もありますし、視空間領域に弱さがある場合もあります。言語領域に困難のある子どもでは「…さんじゅうに、さんじゅうさん…」のように言葉で数え上げる学習や、九九のように言葉で覚える学習に困難が生じます。一方、視空間領域に困難のある子どもでは数の背景にある量の把握に苦手さが生じたり、かけ算の意味を視空間的イメージとして理解しにくかったりしますが、言語的に九九を覚えることはできます。つまり学習のいろいろな側面にワーキングメモリの様々な側面が関わるために、子どものそれぞれの特性が学習の困難として顕在化することもあるし、ワーキングメモリの弱さを別の強さで補って学習の困難の顕在化を防ぐこともあるのです。

ワーキングメモリの複雑さ

第二の理由はワーキングメモリの働きの複雑さです。例えばワーキングメモリのテストの中には、言語領域の中でも「うし、とり」のような実在する言葉、「ばじ、そぬ」のような実在しない言葉、「さん、よん」のような数を表す言葉を覚えるものがあります。実在する言葉を覚えることには困難がないが実在しない言葉だと困難のある子どもがいます。言葉を覚えることには困難がないが数を覚えることには困難のある子どももいます。視空間領域の中でも図形の形を覚えるものや、物の位置を覚えるものがあります。子どもはそのどれか一つに弱さを示すことがあります。ワーキングメモリのテストバッテリでもそれらのすべてをテストすることはできません。もしも、今実施したテストの中に弱さが発見されなくても別のテストを実施すれば発見されるのかもしれません。

結果を慎重に解釈して支援する

子どもに学習支援をするときは、ワーキングメモリのテストの結果を安易に子どもに当てはめるのではなく、学習やワーキングメモリの複雑さを踏まえた上で慎重に解釈していく必要があります。

ワーキングメモリの働きを妨げるものがある

ワーキングメモリの働きはそのときの状況によっても左右されます。学習を支援するときはワーキングメモリに影響を与える様々な状況についても配慮する必要があるのです。

ワーキングメモリの働きを低下させること

ワーキングメモリの働きは様々な理由によって十分に力を発揮できなくなります。例えば睡眠不足や疲労は負の影響を及ぼします。ここでは学習支援において重要になる例を考えていきたいと思います。

ワーキングメモリと情動

たくさんの人の前で話すとき、うまく話せるかどうか心配になって頭が真っ白になることがあります。こんなときは何か話しかけられても内容を覚えられなかったり、うまく言葉が思い浮かばなかったりします。このように情動はワーキングメモリの働きに影響があります。算数の困難がある子どもには算数不安のある子どもがいます。算数となると表情が曇ります。このような不安はワーキングメモリの負担となり、算数の学習に負の影響を及ぼすと考えられます。気にかかることがある、落ち込んだ気持ち、大きな不安があると、まるでそれらがワーキングメモリの一部を占めてしまって、他の情報を処理することのできるスペースが減ってしまうかのようです。

刺激が多い状況

私たちは何かに集中したいとき、静寂で刺激のない環境を選びたくなります。物音や光の刺激を意志の力だけで無視することは難しく、刺激に反応することはワーキングメモリの働きをそちらに割くことになってしまうからです。集中しているときに電話がかかってきたり、訪問者があったりすると、注意を切り替えなければならず、ワーキングメモリの働きを割くことになります。ワーキングメモリに弱さのある人で集中したいときに音楽を流す人もいます。これは音楽を流すことでそれ以外の音をシャットアウトすることが目的のようです。大抵の場合はそのとき取り組んでいる課題が思考を必要としない繰り返しの書き学習であったり、音楽そのものも無視しやすい聞き慣れたものであったりします。最初だけ音楽を流していて集中が深まると音楽を消す人もいます。

なじみのない新しい場面、情報

初めての場所に行ったり初めて会う人と話したりすると疲れを感じることがあります。いろいろなことに同時に注意を向け（気を使っ）てワーキングメモリの負担が高まってしまうのです。行き慣れた場所、慣れた人と会うときは、必要な情報にのみワーキングメモリの働きを費やすことができます。新しいことに取り組むときほどワーキングメモリの働きが求められ、慣れるとその必要性は下がるのです。

学習していることと同じ種類の情報

子どもの頃、誰かが紙の枚数を「じゅうさん、じゅうし…」と数えているとき、横から「じゅうはち、にじゅうさん」などと言ういたずらをしたことはないでしょうか。数えていた友達はつられて数え間違ってしまいます。もし「ほし、とり…」などと数ではない単語を話してもそれほど影響を受けませんが、数と数のように同じ種類の情報だと干渉します。聞くだけでワーキングメモリは働いてしまいます。ラジオのトーク番組を聞きながら読解の学習をすることは避けた方がよいでしょう。

マルチタスク

ここまでの例はいずれも複数の情報を並行して処理するマルチタスク事態であると言えます。不安、余分な情報、新しい情報と、本来取り組むべき課題とが同時にワーキングメモリを占めているのです。マルチタスクはシングルタスクになるように工夫します。

10

ワーキングメモリと実行機能には深い関わりがある

実行機能という言葉をよく聞くようになってきました。ワーキングメモリと深い関わりのある概念で、学習を支援する際いつも念頭に置いておく必要があるものです。具体例から考えていきましょう。

洗濯物を干すことと実行機能

あるワーキングメモリに弱さのある人は洗濯物を干すとき次のようなやり方をしています。洗濯機から出した洗濯物は干す前に一度分類するのです。ピンチに干すもの、ハンガーで干すものと種類で分けるだけでなく、干し口も揃えます。分類せずにテキパキ干せる人からすると不思議に思われることもあります。

抑制するという働き

もし分類しなかったらどうなるのでしょうか。まず洗濯機から出した洗濯物の一つひとつが情報として刺激となります。一つを手に取ろうとしたら他の情報（洗濯物）を頭の中で抑え込まなければなりません。もし分類していなければ情報が頭の中に同時にやってきてしまい、しんどいのです。このように不要な情報

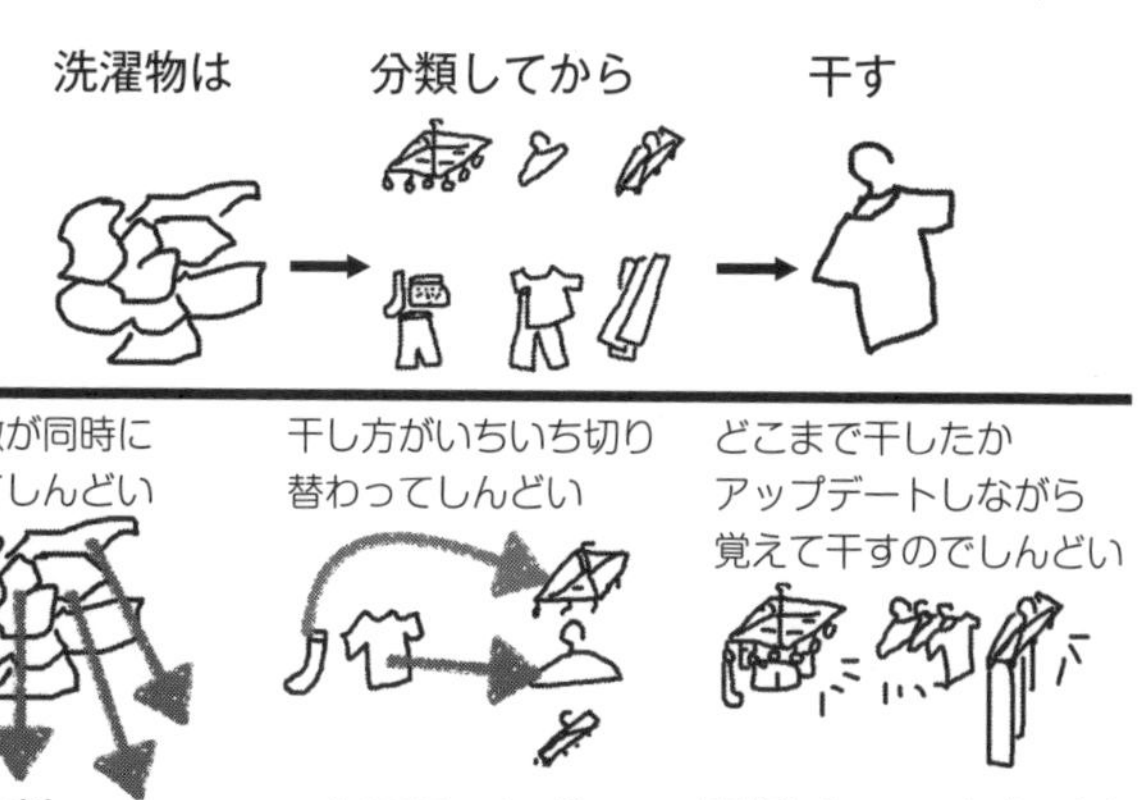

を抑え込み、必要な情報に注意を向ける働きを抑制（共通実行機能）と呼びます。

シフティングという働き

干す道具に応じて分類したり干し口を揃えたりするのは、もしも未分類の洗濯物から一つずつ取り出すと、一つずつピンチやハンガーに干し方が切り替わってしんどくなるからです。干し口を探したり、シワをのばしたりすることにも注意の切り替えが必要です。このように注意を切り替えることをシフティングと呼びます。

更新という働き

洗濯物を干す過程でどんどん状況が変わってきます。どの位置のピンチが、あと何本のハンガーが残っているのかという情報をアップデートして、覚えながら干さなければなりません。もし未分類の洗濯物を干すと、ピンチの情報とハンガーの情報を同時に処理し覚える必要があります。逆に分類しておけばピンチのことだけを覚えておけばよいのです。このように刻々と変化する情報をアップデートしながら覚えておくことを更新と呼びます。

実行機能―抑制・シフティング・更新

このような抑制、シフティング、更新からなる働きを実行機能と呼びます（Miyake & Friedman, 2012参照）。実行機能とワーキングメモリとの関連についての捉え方は様々ですが、一般的には更新がワーキングメモリに相当すると考えられます。

学習を実行機能の視点から解釈する

ワーキングメモリに弱さのある中学生が（＋３）－（－２）なら計算できるのに、（＋３）－（－２）＋（－１）になると「どうしたらいい？」と困惑しました。情報が多すぎて抑制ができなくなったのです。指で＋（－１）を隠すとあとは問題なく計算できました。ある小学生は足し算と引き算の交ざった計算をすべて足し算で計算しました。うまく切り替えられなかったのです。事前に計算が交ざっていることを教えると正しく計算できました。別の子どもは間違えた問題の正しいやり方を理解することはできたのに、もう一度同じ問題をやると最初に間違えたときと同じやり方で取り組み始め混乱しました。うまく更新ができなかったのです。最初から間違えないようにプリントを構成して学習すると混乱することはありませんでした。学習の際に実行機能の視点は非常に重要なものになります。

11 ワーキングメモリは様々な情報を統合する働きがある

ワーキングメモリは様々な情報を統合する働きがあります。また学習のとき一時的に覚えなければならないのは、学習の内容だけではありません。学習の目的や条件も覚えているのです。

様々な情報を統合するワーキングメモリ

古今和歌集に、「心あてに折らばや折らむ初霜の　おきまどはせる白菊の花」(凡河内躬恒)という歌があります。朝起きると庭が霜で真っ白になっている。白菊の上にも霜がおりていて、菊の花を折ろうにもどこに花があるのか分からないという情景です。このように聞くと私たちはその情景をありありとイメージできます。しかし考えてみますと、私たちは一度もそのような様子を見たことがありません。経験したことがないことでも文字で表された言語的な情報、霜、白菊という過去に見た視空間的な情報、それらをワーキングメモリで統合することができるのです。

この短歌の例から分かるのは、ワーキングメモリが今目の前にある情報、過去に経験した情報、言語的な情報、視空間的な情報を統合し、新しいイメージを作ることができる、そのような働きがあるということです。国語の読解、算数の文章題でワーキングメモリの働きが大事であるのも理解できます。

目的を持って行動する

ワーキングメモリに弱さのある大人で、テーブルの上の片付けをするときに「片付け」

とメモしてから取り組んでいる人がいます。なぜそのようにするのかを尋ねると「机を片付けている間に、うっかり目に入った洗濯物のことを始めてしまい、片付けのことを忘れることを防ぐため」と答えます。このエピソードが示しているのは、何かの活動をするとき私たちはワーキングメモリに目的を保持しているということです。

またその人はメモに「4時まで」と書き込んでいることもあります。集中している間に何時までがんばろうとしていたのか分からなくなるためと言います。ワーキングメモリには目的だけでなく、条件も保持していることがうかがえます。

ワーキングメモリに保持できる情報は限られています。その中で目的、条件を保持しておくと、目的を果たすために処理しなければならない情報をそれ

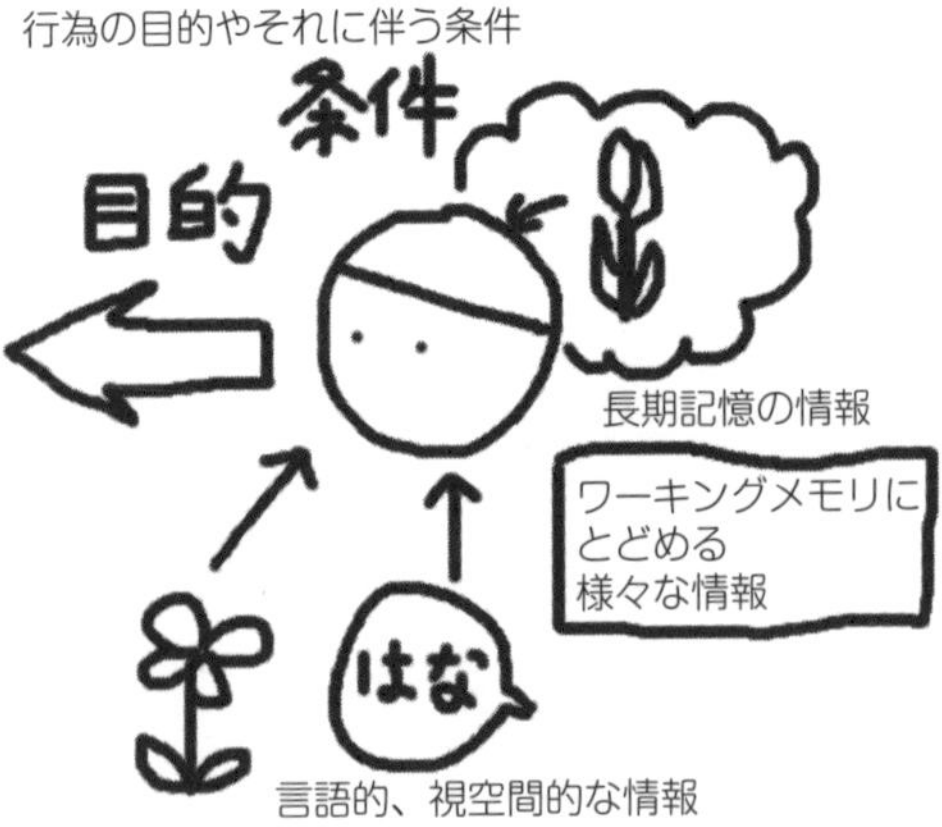

ほど多くは覚えていられないことが分かります。

ここが子どもをみるポイント

目的と条件を含めてワーキングメモリの負担を考える

読解問題の設問を考えると、ワーキングメモリと目的の関係がよく分かります。「筆者の考え（目的）が具体的に（条件）書いてある一文の最初の5字（条件）を書きましょう」という設問で「5字」だけを頼りに答えを探そうとする子どもがいます。他の目的や条件は覚えていられないのです。大人からすればそれらは書いてあるから覚える必要はないように思えます。しかし本文中を探しているときは、ワーキングメモリに覚えておく必要があります。

読解に限らず算数の文章題、生活面など、あらゆる場面で過去の情報、未来についての情報、言語・視空間の情報をワーキングメモリで統合していることを意識することが大事なのです。

第2章

「ワーキングメモリ」に配慮した学習づくり

1 ワーキングメモリの概念を学習支援に生かす

第1章ではワーキングメモリの働きや学習との関わりについてみてきました。ここからはワーキングメモリの概念をどのように学習支援に生かすかを考えていきます。本節では基本的なアプローチについて説明します。

二つのアプローチ

ワーキングメモリに弱さがある子どもと学習をするとき、誰もが最初に「ワーキングメモリを強くできないだろうか」と考えるものです。そのような弱い部分を強くしようとするアプローチは治療的アプローチと呼ばれます。治療的アプローチは魅力的ですが、もしワーキングメモリを強くできたとしても、それを別の種類の学習に応用（転移）する点で、難しさがあります。

学習は、ワーキングメモリが強くなるのを待ってくれず、毎日進んでいきます。本書では、子どもが今ある特性のままどうすれば学習しやすいのかを考えていきます。これは適応的アプローチと呼ばれるものです。治療的アプローチを行うかどうかにかかわらず、適応的アプローチは常にあるべきものです。

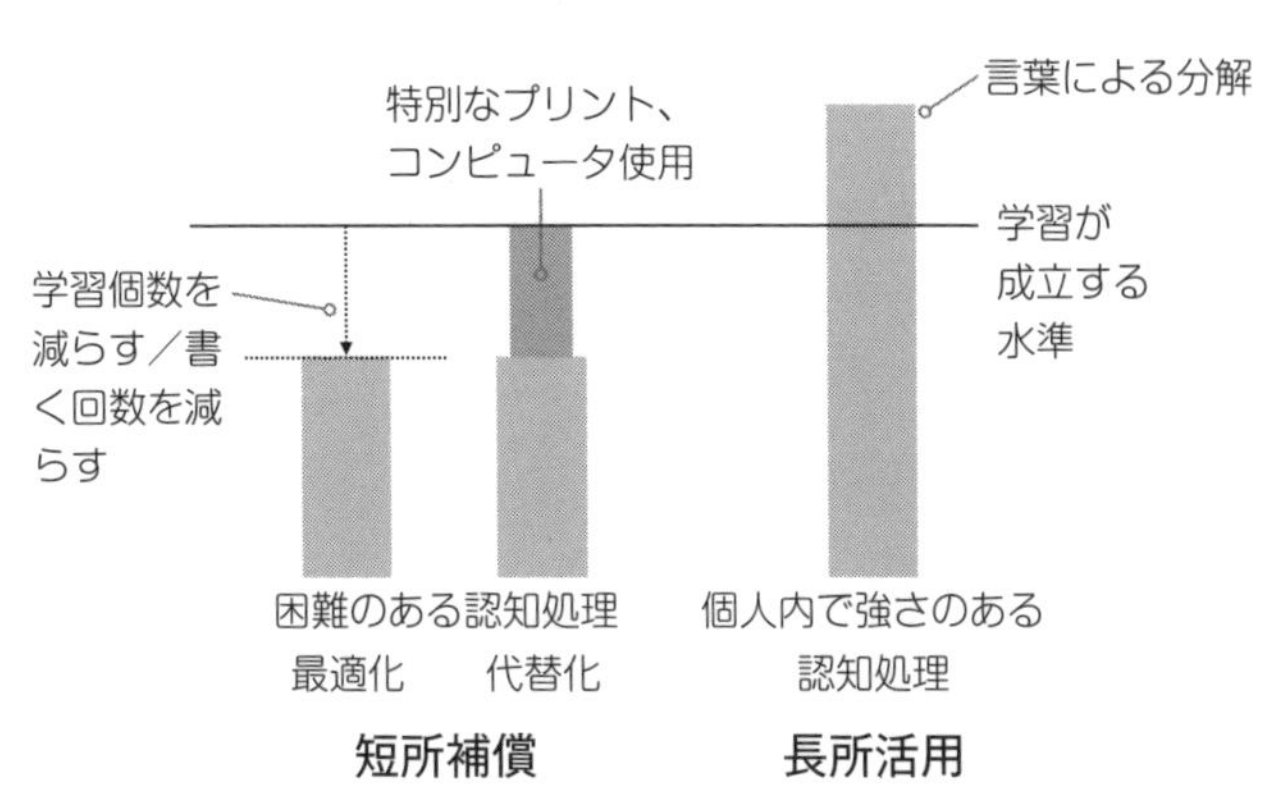

適応的アプローチとは

適応的アプローチは二つの側面からなります。一つ目は短所補償です。例えばワーキングメモリの視空間領域に弱さがあり、漢字の書き学習が難しい子どもがいます。一度にたくさんの漢字の書きを学習することは難しいので、学習個数を減らすことを考えます。ワーキングメモリの視空間領域に学習の成立する水準の強さがないのであれば、そもそも水準を子どもに合ったものに変えるのです。これを「最適化」と呼びます。また特別なプリントやコンピュータ教材を使って子どもの視空間領域の弱さを補うこともできます。これを「代替化」と呼びます。最適化や代替化を行って子どものワーキングメモリの弱さに対応します。

二つ目は長所活用です。ワーキングメモリの視空間領域に比べて言語領域に強さがあるとき、それを活用して、「君」という漢字を例えば「名探偵コナロくん」と分解すると覚えやすくなります。学習を行うためにワーキングメモリのある特性が必要な水準までの強さがないのであれば、別の強い特性を活用するのです。

このような短所補償と長所活用は同時並行しながら学習を進めていきます。

「領域ゼネラル」と「領域固有」の支援

支援者の基本的な姿勢として適応的アプローチに基づいて学習支援を行いますが、具体的な学習支援にはさらに二つの支援の層があります。

スポーツを例に考えます。野球とサッカーでは練習方法に共通点もありますし、相違点もあります。柔軟性、瞬発力、持久力をつけることはどちらのスポーツでも共通して大切です。一方でバッティング、ドリブルなどそれぞれのスポーツに固有のものもあります。

ワーキングメモリの弱さに配慮した学習支援でも、このように共通する領域ゼネラルな支援と、領域固有の支援があり、どちらも大切なものです。

領域ゼネラルな支援

領域ゼネラルな支援、つまりどんな学習にも共通する支援は次の三つが重要です。

長期記憶を活用する（第1章4節参照）

注意の焦点化を適切にする（第1章3節・10節参照）

言語・視空間に配慮する（第1章2節参照）

はじめに領域ゼネラルな支援について次節以降、順番に説明していきます。

2

長期記憶を活用する

ワーキングメモリの弱さに配慮して学習支援を行うとき、要になるのは長期記憶を活用することです。子どもの知っていること、興味関心、好きなことを核にして支援を行います。

長期記憶を活用する

領域ゼネラルな支援の三つの中で最も重要な支援は、子どもの長期記憶を活用するものです。何しろワーキングメモリに弱さがあるのですから、強さを用いるには長期記憶を活用するのがよいことになります。具体的に考えてみましょう。

経験を活用する

ワーキングメモリの視空間領域に弱さのある子どもが次のような問題を解くことができませんでした。角度の小さな順番に番号をつける小学校中学年の問題です。いろいろなやり方をためしても解決できません。角度を比較するためにはどうしてもワーキングメモリ上で二つの角を比べなくてはならないからです。最後に解決できたやり方は次のようなものでした。角度ではなく「これは注射針です。よく刺さりそうな順番に番号をつけましょう」と指示すると、難なく正答することができました。

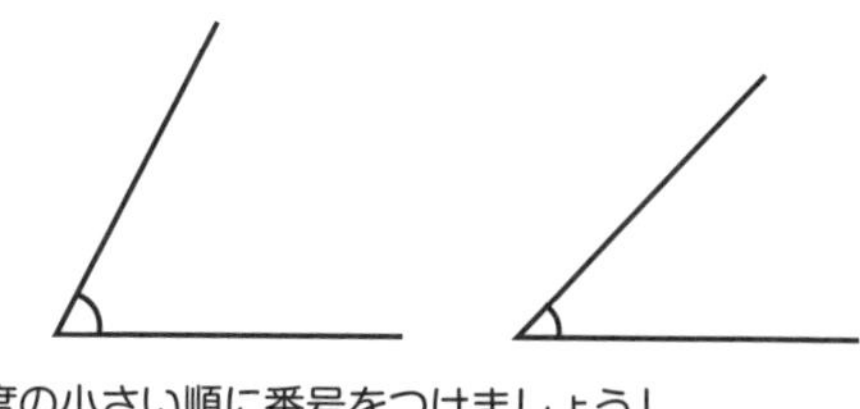

問題　「角度の小さい順に番号をつけましょう」

知識を活用する

別の例も考えてみましょう。ワーキングメモリの言語領域に弱さのある子どもが次のような漢字を読むことができませんでした。「A：包丁、工夫、主人、化石、B：引力、向上、一定、子守」。適切な漢字の読み学習をして、1週間後に正答率がよかったのはAセットとBセットのどちらだったでしょうか。それはAセットの方です。どちらも読めない漢字ですが、事前テストでAセットの方は「ほうちょう」など言葉を知っていることが分かっていました。一方でBセットは「いんりょく」などのその子が知らない言葉の漢字熟語だったのです。これも子どもが知っているものをもとにすると学習しやすくなることを示しています。

知っていることからスタートする

連立方程式の加減法が理解しにくい子どもがいました。二つの式を足したり引いたりするって…？という雰囲気です。そこで最初に8＝8、2＝2の二つの式を書き、式を加算しました。10＝10となり納得です。次に5＋3＝8、5

$$
\begin{array}{r} 8=8 \\ +)\ 2=2 \\ \hline \end{array}
\rightarrow
\begin{array}{r} 5+3=8 \\ +)\ 5-3=2 \\ \hline \end{array}
\rightarrow
\begin{array}{r} x+y=-1 \\ +)\ x-y=5 \\ \hline \end{array}
$$

－3＝2の二つに分解した式を書き、加算すると10＝10になることを見ると「おおー」と言います。このようなステップを踏むと文字式の連立方程式の加減法も理解することができていました。

このような長期記憶を活用するやり方は学習のあらゆる場面で使うことができます。

子どもが支援者の頭の中に住む

学習支援の際は子どもの長期記憶を活用することを考えます。その子どもの長期記憶を知るためには、いろいろなテストの結果も活用できます。しかし最も大事なのは子どもが何を好きなのか、何に興味を持っているのかを知ることだと思います。そのためには子どもと時間を共有することです。何かを一緒に取り組んでもよいですし、ただその場で一緒に時間を過ごすだけでも構いません。やがてどんな言葉かけにその子どもが面白がるのかがイメージできるようになり、その子どものための教材を準備しているときに、子どもが目の前にいないのにどんな反応をするのかを予想できるようになります。言わば子どもが支援者の頭の中に住んでくれたのです。そのような状態になると学習支援に子どもの長期記憶を活用しやすくなります。

3

注意の焦点化を適切にする

注意を向けていること以外は学習することが難しいですし、学習する内容に情報が多すぎると注意を向けるべきところに向けられなくなります。どのように注意をコントロールすればよいのか考えていきます。

学習の中の注意

第1章10節で紹介した（＋3）−（−2）なら計算できるのに、（＋3）−（−2）＋（−1）だと計算できなくなる子どもは、頭の中で情報を抑え込む代わりに物理的に指で＋（−1）を隠せば計算ができました。この子どもは成人してから「あの頃は教室の外で物音がしたらそっちに注意が向いてしまっていたから、いつもあちこちの情報が入ってきて疲れていた」と教えてくれました。情報が選択されずに一方的に頭の中に入ってくるのは目的的な活動のためによい状態ではありません。

基本的なコントロール

市販のプリントを見ると、このような子どもには情報が多すぎることが分かります。プリントの印刷上の余白を埋めるためのイラスト、多すぎる問題数、多すぎる色、ヒントの言葉などです。注意をコントロールする基本は次の三つです。①必要な問題だけを枠で囲って目立たせる。②不要な問題は×をして不要であることを示す。③それでも刺激が多すぎるならば問題を抜き出して必要な問題だけでプリントを作り直す。こうした基本的な手続きを踏んだ上で、さらに学習のプロセスの注意をコントロールします。

学習のプロセスの中での注意のコントロール

わり算の筆算を例に考えてみます。多くの数字があり、とても情報が多い学習です。しかも途中のプロセスでかけ算をしたり引き算をしたりと注意の切り替えも多く発生します。どの位置に数字を書くかという視空間領域のワーキングメモリの働きも必要です。指で隠して考えていくやり方が広くとられていて、これはまさに注意をコントロールする働きです。

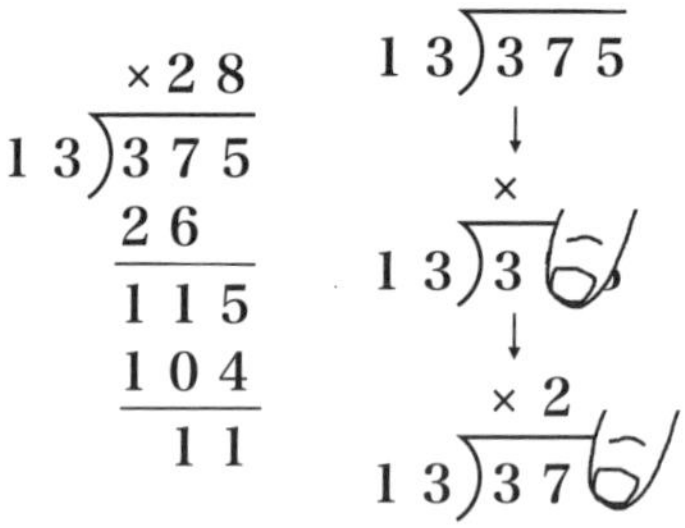

```
13)375
   ↓
   ×
13)3
   ↓
   ×2
13)37
```

```
     ×28
13)375
    26
   115
   104
    11
```

もう少し別の例でも考えてみましょう。直方体の7cmの辺の数を数える問題で、何回練習しても他の長さの辺まで数えてしまう子どもがいました。そこで紙にスリットを入れて横移動して数えていくと難なく正答することができました。

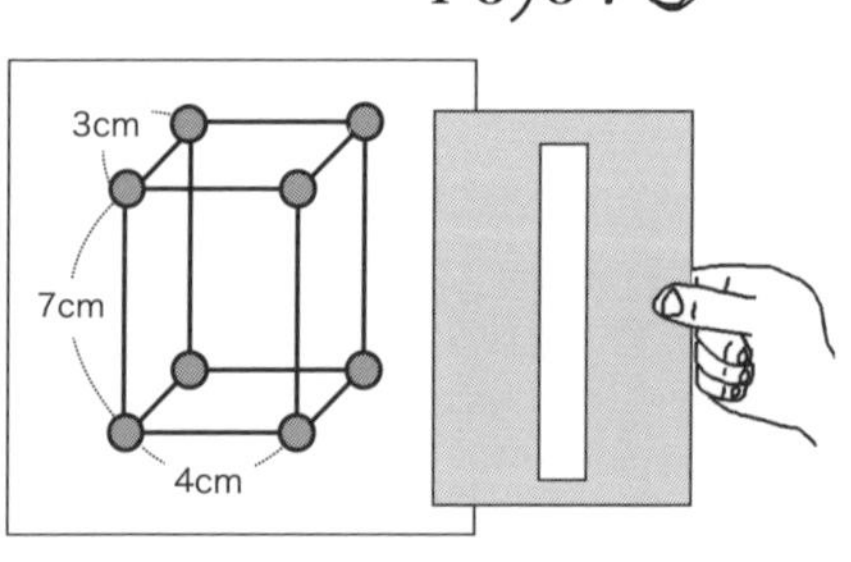

問題：3cm、4cm、7cmの辺はそれぞれ何本ありますか？

スムーズな視線の流れにする

学習しているときの子どもの視線を追いかけてみましょう。スムーズな視線の流れになるようにプリントを構成することで不要な注意の抑制や切り替えを行わずに済みます。このように配慮すると国語のプリントでも横書きのものになる場合もあります。

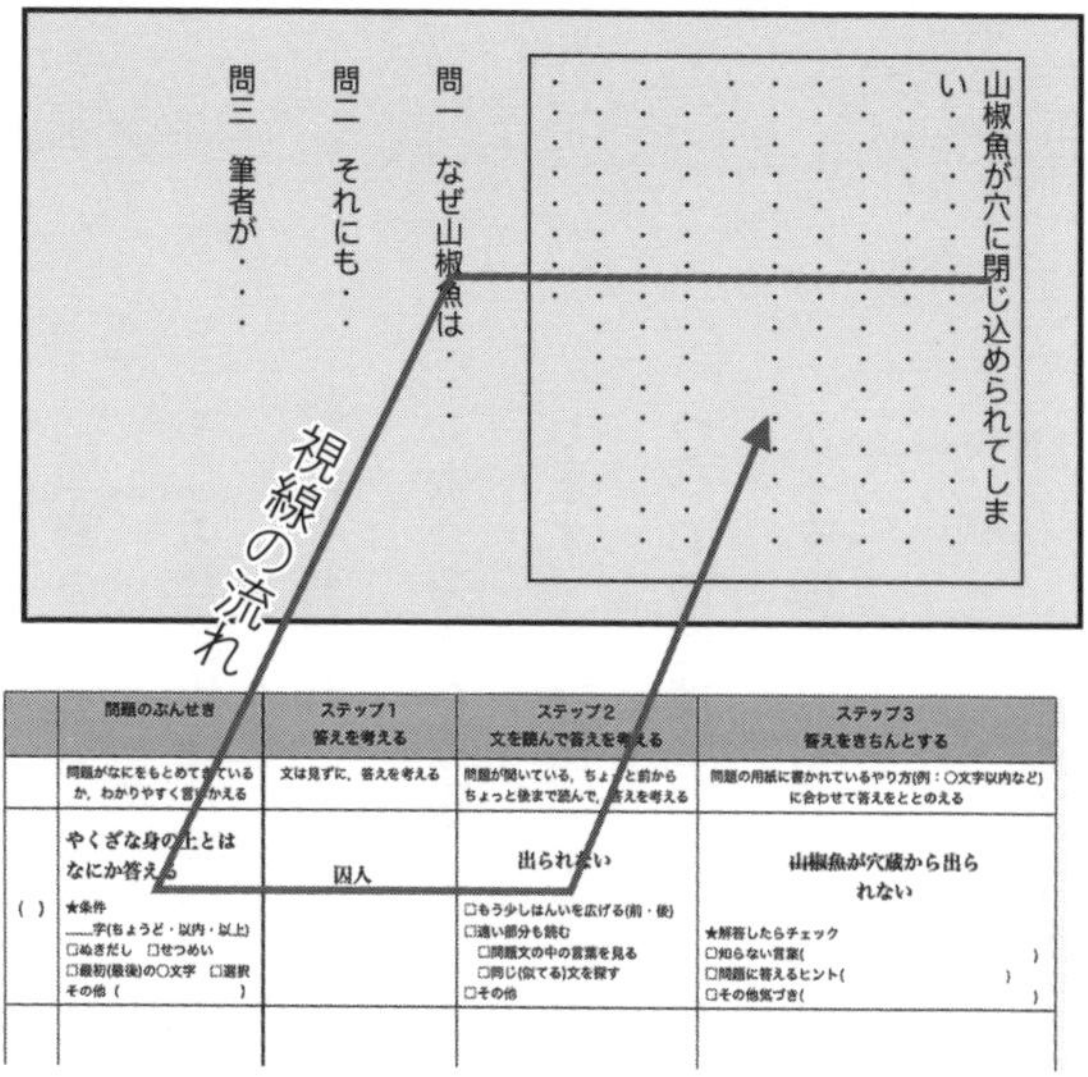

どのような学習でも注意のコントロールに配慮する

どんな学習でも注意の焦点化をコントロールしたり、スムーズな視線の流れになるようにしたりすることが大事です。第２章15節で説明する折説明プリントという形式もこれを意図したものですし、第２章16節の一課題一目的もこのために役立ちます。

山椒魚が穴に閉じ込められてしまい・・・

問一　なぜ山椒魚は・・・

問二　それにも・・・

問三　筆者が・・・

視線の流れ

	問題のぶんせき	ステップ1 答えを考える	ステップ2 文を読んで答えを考える	ステップ3 答えをきちんとする
	問題がなにをもとめてきているか、わかりやすく言いかえる	文は見ずに、答えを考える	問題が聞いている、ちょっと前からちょっと後まで読んで、答えを考える	問題の用紙に書かれているやり方(例：〇文字以内など)に合わせて答えをととのえる
(　)	やくざな身の上とはなにか答える ★条件 ……字(ちょうど・以内・以上) □ぬきだし　□せつめい □最初(最後)の〇文字　□選択 その他（　　　）	囚人	出られない □もう少しはんいを広げる(前・後) □違い部分も読む □問題文の中の言葉を見る □同じ(似てる)文を探す □その他	山椒魚が穴蔵から出られない ★解答したらチェック □知らない言葉(　　　) □問題に答えるヒント(　　　) □その他気づき(　　　)

4

言語・視空間に配慮する

学習の中でワーキングメモリの言語領域と視空間領域はそれぞれ、そして協調しながら大事な役割を果たします。長期記憶や注意についての支援と関連付けながら支援をしていきます。

学習の中の言語と視空間

第1章2節ではワーキングメモリの言語領域と視空間領域について考えました。学習の中ではどうでしょうか。

漢字の読みに困難のある子どもではよくワーキングメモリの言語領域に弱さが見出されます。漢字の読みには困難がないが書きに困難のある子どもでは視空間領域に弱さがみられることがあります。

これは学習時にどのような種類の情報を扱うことを要求されるかに関係しています。例えば漢字の読み学習では「山」という字が示された上で、子どもはその字の「やま」という読み方（言語的な情報）を覚えます。逆に漢字の書き学習では「やま」という読み方に対して、その全体の形と画の位置（視空間的な情報）を覚えます。したがってワーキングメモリの言語領域に弱さのある子どもでは漢字の読み学習に、視空間領域に弱さのある子どもでは書き学習に困難を示すことがあるのです。

なお漢字が読めない子どもでは書きも困難です。しかし少しずつ学習が進んだ結果、読

み学習はできるようになり、視空間領域には弱さがないのに書き学習にのみ困難が顕在化している場合もあります（第1章7節参照）。ワーキングメモリの特性を把握するとともに困難の変化を把握することが大事です。

算数の中の言語と視空間

算数の中ではどうでしょうか。漢字の読み学習と似ているのは図形の名前です。「□」という視空間的な情報に対して「せいほうけい」という言語的な情報を覚えたり、その逆を覚えたりします。ワーキングメモリの言語領域に弱さのある子どもは「へいこうしへんけい」と長い言葉を正確に覚えられなかったり（語長効果）、「ちょうほうけい」「ちょっけい」「すいちょく」「ちょくほうたい」など似た用語を区別して覚えにくかったりします（音韻的類似性効果）。ワーキングメモリの視空間領域に弱さのある子どもは「2組の向かい合う辺がそれぞれ平行な四角形」を読むことはできても、図形を思い浮かべることが難しいことがあります。

強さは活用し弱さは補償する

このようにいろいろな学習の中で言語的あるいは視空間的な情報を扱っています。私たち支援者は、まず学習する際にワーキングメモリのどちらの領域を強く求められるのかを考えていくことが重要です。そして次に子どものワーキングメモリの特性を把握して強さは活用し、弱さは補償します（第2章1節参照）。例えば漢字の書き学習では「計」という漢字の書き方を覚えるために「いう（言う）のはじゅう（十）までだ」と言語的な情報に変換して覚え、書く練習は最小限にします（詳細は第2章の後の節で説明していきます）。

長期記憶や注意の焦点化との関係

学習のメカニズムは複雑なので、言語と視空間というシンプルな区別からは理解しにくいこともあります。例えばワーキングメモリの言語領域に弱さがあって、英単語を覚えることが難しいのに世界史であれば新出の人名や事柄は難なく覚えられる子どもがいます。この子どもは歴史に関心が強く注意を焦点化しやすいだけでなく、すでに多くの知識（最初はゲームやテレビから始まっています）がフレームワークとして長期記憶にあるため、新しい知識であってもそこに位置付けやすいのです。このように、長期記憶、注意の焦点化、言語と視空間を同時に考えていくことが重要です。

5

学習のプロセスを理解する

漢字を書くことの困難が主訴の子どもでも、背景に読みの困難がある場合があります。一つの困難だけに目を向けるのではなく、学習の困難が生じる順番のイメージを持ち、本質的な支援を目指します。

ワーキングメモリと学習

第1章7節ではワーキングメモリの弱さがどのように学習の困難と関連するかを考えました。学習支援を行う際はその困難が生じる順番の目安を知っておくと有益です。

例えば年齢の低いときはワーキングメモリの弱さが語彙の少なさとして現れることがあります。「こいのぼり」を「コイボリ」と覚えてしまうのですから、覚えた情報も消えやすく、語彙量は少なくなりがちです。そして読みを学習する年齢になったときはワーキングメモリの弱さによって字の読みを覚えにくいです。

ここで注意しなければならないのは、獲得した語彙もまた読み学習に影響するということです。「コイボリ」と覚えている子どもは文字「こ」「い」までは音「コ」「イ」が対応すると分かりますが、文字「の」は音「ボ」が当てはまると判断してしまいます。

このように例えば読み学習であれば、ワーキングメモリの弱さの他に語彙の少なさという過去の学習の結果も影響してしまうのです。

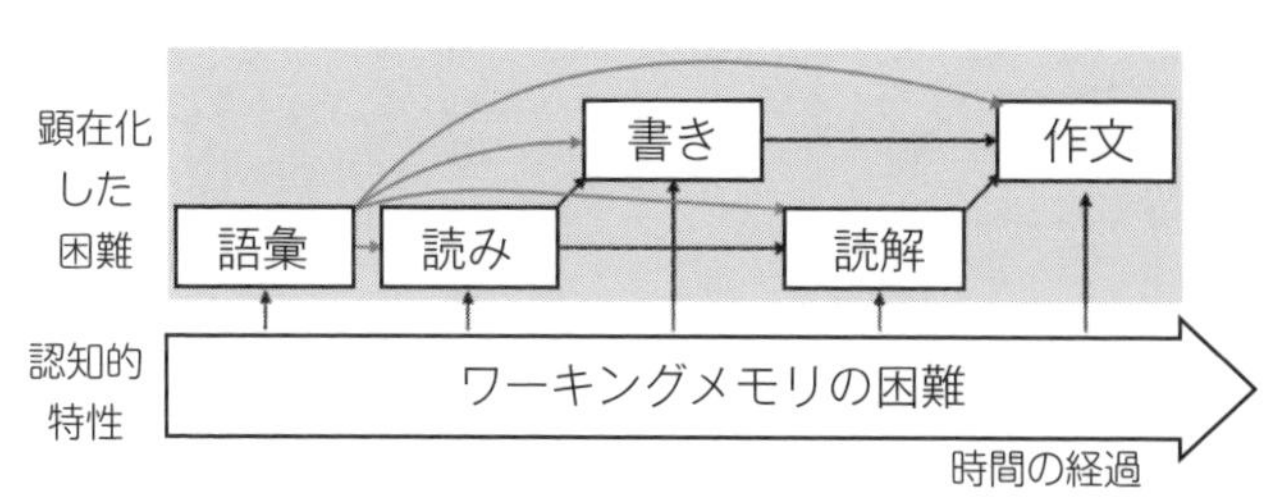

読み学習以降の学習

もう少し時間の経過を追ってみます。漢字の書きに困難がある子どもではワーキングメモリの視空間領域の弱さがみられる場合があります。一方で漢字の書きの困難は漢字の読みの困難の結果としても生じます。またワーキングメモリに弱さがあって読解学習に困難が生じている場合がありますが、一方では読みに困難がある子どももまた読解学習に困難を生じます。作文に至ってはワーキングメモリの困難があって生じている場合、読解が難しい場合、書きが難しい場合など様々な要因が複合的に影響しているようにみえます。

このように様々な機序で困難が生じるため、次のような点で注意が必要です。

同じ困難でも特性が異なる

書きの学習を例にとると、ワーキングメモリの言語領域に弱さがあって読みに困難が生じた結果、書きに困難が生じている子どもと、視空間領域に弱さがあるために書きに困難が生じている子どもとがいます。長所を活用しようと思うと前者では視空間領域を活用しますし、後者では言語領域を活用する必要があります（第2章9節参照）。特性が異なると支援の重点も異なってきます。

同時に困難がある

読みはできるが読解ができない子どももいますし、読みと読解の両方に困難のある子どももいます。後者の子どもの中には文も漢字もある程度年齢に応じて読めるが、漢字熟語が正しく読めない、または意味が分かっていない子どもも含まれています。

例えば読解に困難がある子どもで「昼間」を「ひるあいだ」と読むことがあります。このとき「『ひるま』って知っている?」と聞くと知らない場合があります。すると「ひるま」と読み方を学習するだけでなく、「ひるま」という言葉の意味や使い方について語彙を学習する必要があるのです（第2章6節参照）。このように一つの困難があるとき、他の困難も併せ持っていることがあるという視点は適切な支援のために重要です。

書きに困難のある場合は、その前のプロセスにある読みや語彙の苦手さがないか確かめます。作文に困難のある場合は、書きだけでなく読みや語彙などに苦手さがないか確かめます。もしあればそれらに配慮や支援をしながら学習を進めます。

6 言葉を増やす

漢字の読み学習でも読解学習でも、そして算数の学習であっても、語彙学習は重要な働きをします。意味調べでは言葉の意味を学習できない子どもと、どうやって言葉を学習するのかを考えます。

絵カードによる学習

言葉を学習するとき、年齢の低い子どもには絵カードを用いることがあります。りんごの絵を使って「りんご」という名前を教えたり、支援者が「りんご」と言って子どもがいくつかの絵カードの中から選んだり、といった活動です。ワーキングメモリの言語領域に弱さがあって言葉の音を覚えられない子どもには、長所活用として視空間的な情報を用いることは重要です。

しかしこうした活動は学齢期の子どもではすぐに限界を迎えます。例えば「青年」という漢字熟語の意味を小学校中学年で学習するとき、絵で表すのは難しいものです。その絵は「人」や「男性」あるいは「服」を示しているのかもしれないからです。

絵カードによるクイズ学習

このようなときはクイズによって学習することが可能です（第2章7節参照）。いくつかの絵カードを並べ、「この中で高校生や大学生くらいの人は？」と聞きます。こうすることで曖昧な絵でも、絵の示すことを明確に表せます。子どもが正しい絵を選んだら「せいねん」とフィードバックし、意味のラベルである言葉の音を学習します。この学習が十分定着したら、今度は逆に「青年は？」と聞いて、その言葉が表す絵を選ばせるのです。長期記憶を活用し（その子の知っている高校生や大学生という言葉を使う）、視空間領域を活用し（絵を用いる）、言語領域を補償し（いきなり「せいねん」と復唱させず、何回も「せいねん」という音に触れられるようにし）ているのです。

こうした支援は、年齢が低い子どもやワーキングメモリの言語領域の弱さが著しい子どもにとって優しいものです。しかしこの学習方法の欠点は年齢が高い子どもでは煩雑で物足りないものになることと、復唱を行わないため「せいねん」という言葉を思い出しにくいことです。言葉を復唱できる子どもには絵を見て「せいねん」と復唱させます。

しかし言葉を復唱することそのものに弱さがある場合は、次のように復唱する学習もスモールステップで行う必要があります。

ヒント付きの言葉の学習

「せいねん」という言葉を覚えるために何度も復唱させることは、ワーキングメモリの言語領域に弱さのある子どもにとっては困難なことです。また「高校生や大学生くらいの人を青年と言います」と教え込んでも、ワーキングメモリからはみ出してしまいます。

そこで次のようなやり方があります。まずカードの表に「せ○○○」と書きます。最初の文字をヒントにして言葉を思い出すためです。ただこれだけでは「せいうち」だって当てはまるので、「ヒント：高校生や大学生くらいの人」とヒントを書いて言葉の意味を狭めます。裏には「せいねん」と答えを書いておきます。いくつかのカードを表を上にして並べて「高校生や大学生くらいの人は、せいねん」であることを確認します。そしてすべてのカードを裏にして「高校生や大学生くらいの人のことはどれ？」と聞きます。どのカードも正しく選べるようになったら、今度は逆に「青年ってどんな人のこと？」と意味を聞きます。最後にカードを表に戻して「高校生や大学生くらいの人のことは何て言う？ヒント「せ」がつきます」と言って子どもに言葉を言うことを求めます。これは長期記憶を活用しながら、短所を補償する（語頭の文字をヒントに言葉を思い出させる）やり方です。

できれば表には「公園で（せ○○○）が遊んでいる」のような文章を書きます。こうすることで文脈を支えにしながら学習できるからです。

7

再認学習を活用する

ワーキングメモリに弱さがある子どもでは、何もないところに音や絵の情報を再現する「再生」にしばしば困難を示します。ここではスモールステップで「再生」につなげる、子どものやりやすいやり方を考えていきます。

再認とは

人の名前を思い出せないときでも、「山田さん？佐藤さん？」と選択肢を示されると正しく選べることがあります。このようにいくつかの情報の中から正しいものを選ぶことを再認と言います。これに対してヒントなしで「やまださん」と思い出すことを再生と呼びます。一般に再生は再認よりも難しく、それはワーキングメモリに弱さのある子どもでも同様です。

学習では「印刷」という漢字の読み方を学習した後、「いんさつ」と思い出すことが再生で、「いんさつ、きゅうへん」という選択肢から選ぶことが再認です。語彙学習や読み学習に困難がある子どもでも再認であれば意外にも正答しやすいものです。逆に言えばこうした子どもは再生こそが難しいのです。例えばワーキングメモリの言語領域に弱さのある子どもが「あの、湯をわかすもの」と言うので「やかん？」と聞くと「そうそう！」と言うことはよくみられます。

日常の様々な場面で再生が要求されるので支援者はそのことに注意を払う必要があります。例えば九九は再生そのものです。他にも国語の漢字の読み、理科や社会の用語、委員会の司会の最初の言葉などがあります。

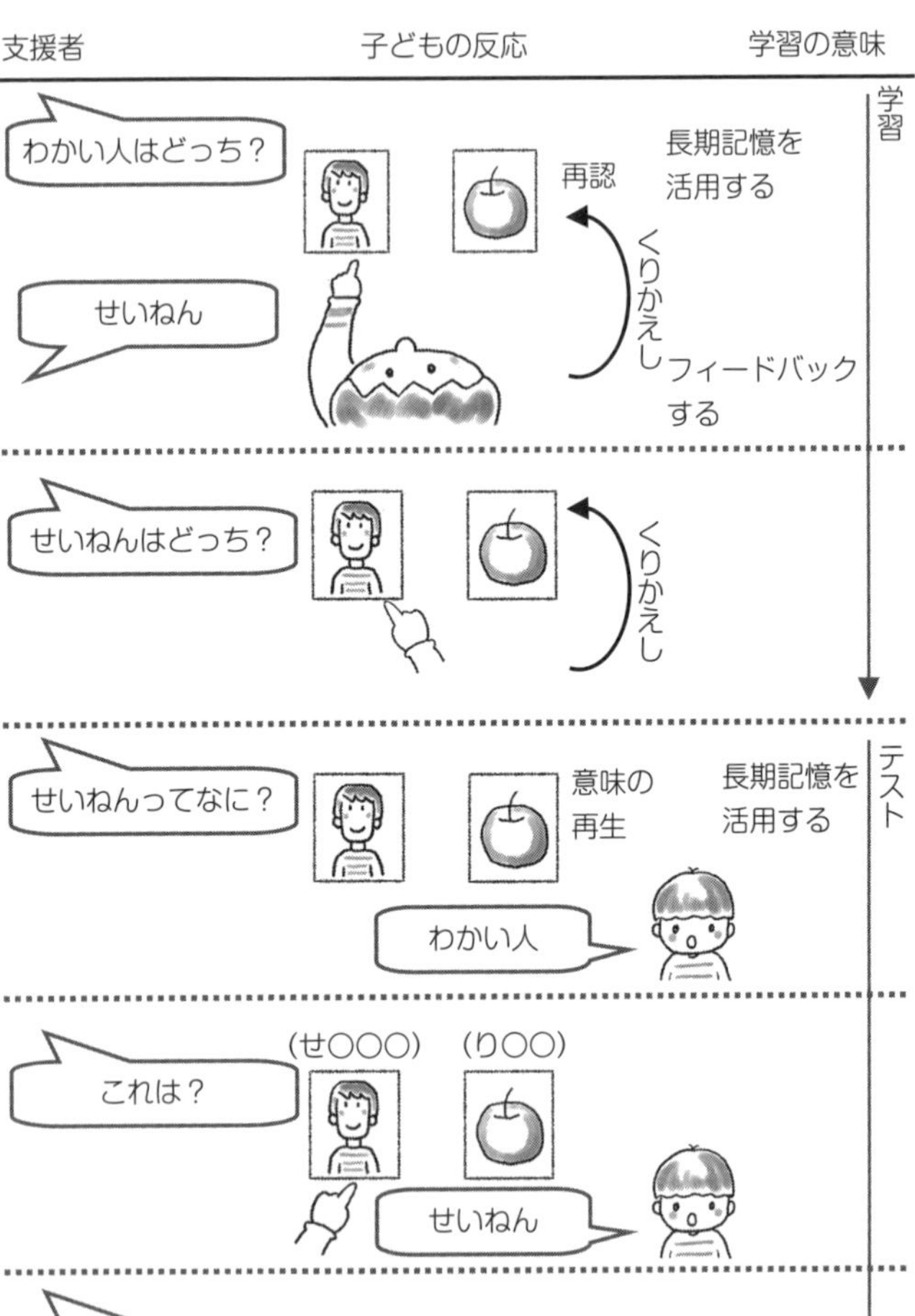
支援者
子どもの反応
学習の意味
学習
わかい人はどっち？
再認
長期記憶を
活用する
くりかえし
せいねん
フィードバック
する
せいねんはどっち？
くりかえし
テスト
せいねんってなに？
意味の
再生
長期記憶を
活用する
わかい人
(せ〇〇〇)
(り〇〇)
これは？
せいねん
わかい人のことは
なんて言う？
せいねん

再認から再生へ

再生に困難がある子どもでは、まず再認学習から始めます。第2章6節の語彙学習を参考にして考えてみましょう。言葉の学習を行う段階では子どもは学習のターゲットになる言葉を再生することはなく、指差しなどで反応します。学習のターゲットになる言葉は支援者からのフィードバックを聞くことで次第に慣れていきます。テストの場面でもターゲットになる言葉を最初から思い出すのではなく、意味を説明したり（「やかん」と言えなくても「湯をわかすもの」と言うことはできる）、語頭ヒントのある再生をしたりして徐々に一番難しい再生に近づけていきます。

子どもや学習に応じてアレンジする

図に示したようなステップは必ずしもいつもフルセットで取り組むものではなく、子どもの言葉の思い出しにくさや、漢字の読みや九九といった学習の種類によって適宜、取り出し、組み合わせていきます。

8

長所を活用し短所を補償して読み学習を進める

字や単語の読み方を学習するときワーキングメモリは重要な役割を果たします。ワーキングメモリの弱さのある人がどのようにすれば、長所を活用し短所を補償して読み学習を進めることができるのか考えます。

読みの学習とは

読みの学習はひらがなでも漢字でも英語でも、文字に対応する音を覚えていくことが含まれています。ワーキングメモリの言語領域に弱さがあると漢字の読み方（音）を教わってもその情報はすぐ失われてしまいます。特に再生学習（第2章7節参照）では顕著です。このような言語領域の弱さを支えるために、長所活用として長期記憶を活用したり、視空間領域の情報を用いたりすることができます。図の番号順に考えていきます。

学習する漢字を見る

読み方は口頭で言われてもすぐに消え去りますので、振り仮名がある漢字から学習を始めます。なお、ひらがなの読み方を学習する場合は振り仮名にあたるものとして絵を用いてます。英語では単語をクリックすると発音が再生されるものでもよいでしょう。ワーキングメモリの言語領域の弱さを補償できれば何でもよいのです。

語彙チェック

子どもに漢字熟語の表している言葉を知っているかどうかを聞いてチェックします。例えば「しかい」のような言葉は学校でよく使われるので意外によく知っているものです。同音異義語と区別できるように「委員会で司会するの、しかい」と文脈で意味を狭めるとよいでしょう。知っている言葉の漢字熟語はそのまま読みの学習に進みます。しかし「なたね」という言葉を知らなければ、いったん語彙学習（第2章6節参照）を経てから読み学習に進みます。

再認、ヒント付き再生、再生

振り仮名のある漢字熟語を見て「変わることはどれ？」のようにクイズをして、正解したら「へんか」とフィードバックします。何回か繰り返した後、ヒント付きの漢字熟語を見ながら子どもに再生を求めます。そして最後に振り仮名のない漢字熟語を見ながら子どもに再生を求めます（第2章7節参照）。

必要に応じて取り出しアレンジする

これらのやり方は教える環境や子どもの特性や必要に応じて一部だけ用いたり、順番をアレンジして用います。河村（2019）を参照してください。

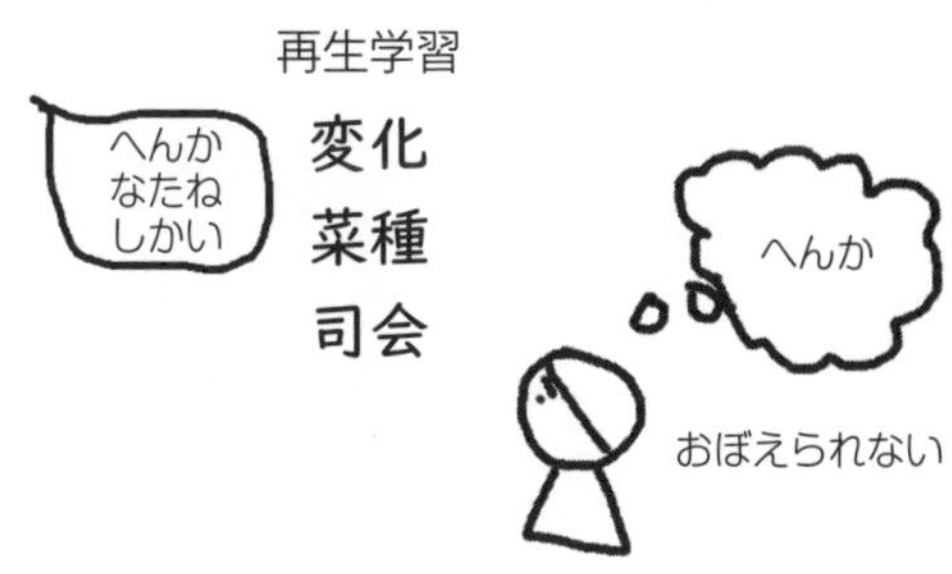
再生学習
へんか
なたね
しかい
変化
菜種
司会
へんか
おぼえられない

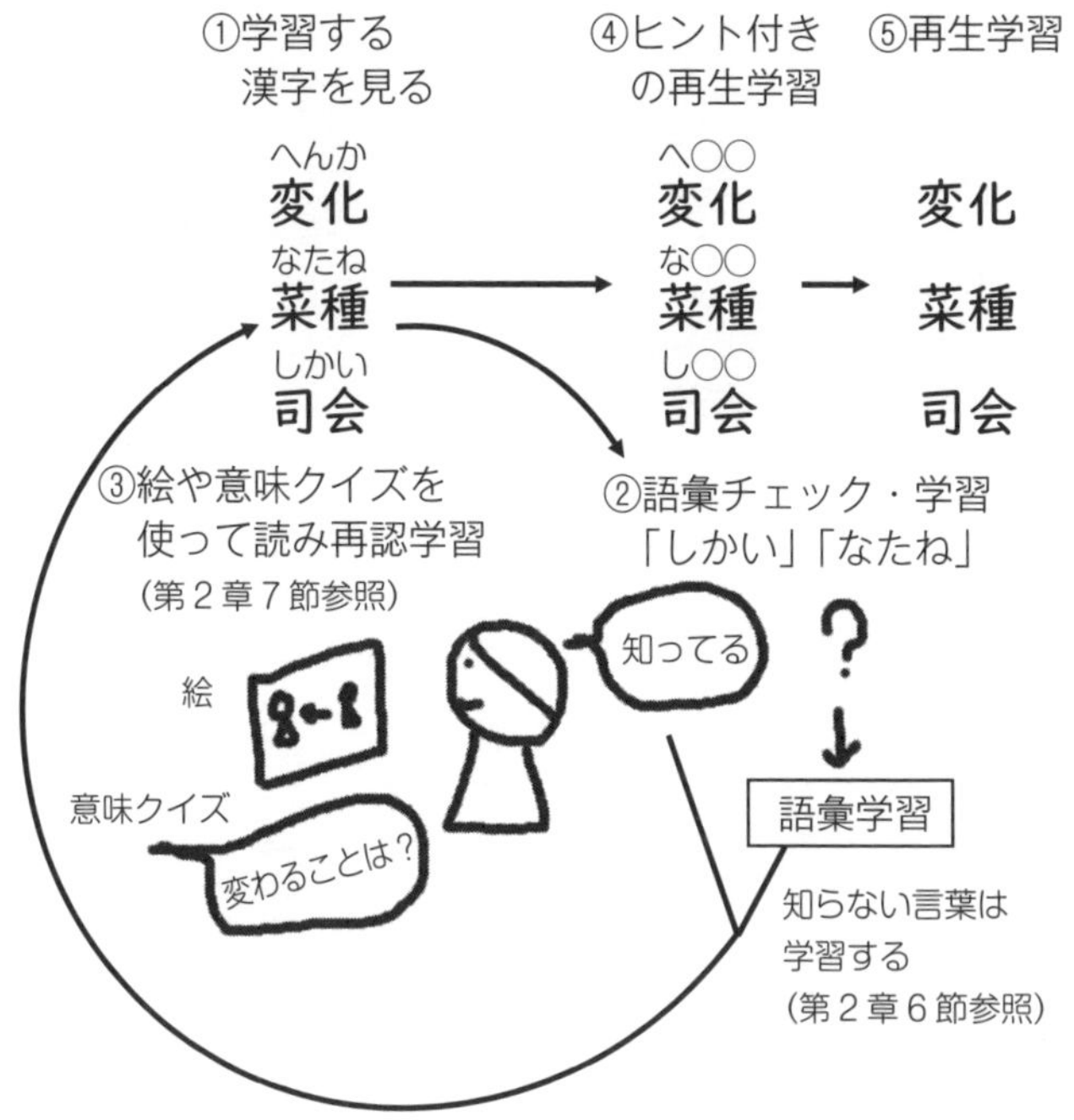
①学習する
漢字を見る
④ヒント付き
の再生学習
⑤再生学習
へんか
変化
なたね
菜種
しかい
司会
へ○○
変化
な○○
菜種
し○○
司会
変化
菜種
司会
③絵や意味クイズを
使って読み再認学習
(第２章７節参照)
②語彙チェック・学習
「しかい」「なたね」
絵
知ってる
?
語彙学習
意味クイズ
変わることは？
知らない言葉は
学習する
(第２章６節参照)

9

漢字の覚え方を工夫して書き学習を進める

ワーキングメモリに弱さがあって、漢字を繰り返し書いてもほとんど定着がみられない子どもがいます。このような子どもでは、繰り返すべきなのは漢字を書くことではなく、漢字の覚え方を思い出すことです。

書きの学習とは

書きの学習には何もない空白に線を構成していくことが含まれています。ワーキングメモリの視空間領域に弱さのある子どもは漢字全体の形をイメージできなかったり、画の位置を覚えられなかったりします（第2章4節参照）。

一般的には、読みが書きに先行する（第2章5節参照）ので私たちも「薔薇」を読めても「バラの漢字」は書けないことがあります。そして読める漢字の中に書ける漢字がありま す。例えば「変」を「へん」と読めなければ、視写はできますがテストのときに「へん」の漢字を書くことはできません。したがってワーキングメモリの言語領域に弱さがあり、読みの困難がある子どもも書くことに困難があります。こうした特性を踏まえながら書きの支援を行います。漢字の書き学習について図の番号に沿って考えていきます。

漢字を見て読めるかどうかチェックする

書き学習の前に漢字が読めるかどうかチェックします。そもそも読めなければ、その字は読み学習の範疇になります。また「変」であれば「へん」「かわる」などの読み方がありますが、ここでは字形を書けるかどうかが問題なので一つでも読めるものがあればよいのです。読めるものを基礎に書き学習をします。「かわる」を読めるし「変わる」と書けるが「へん」とは読めないとき、「へん」に対して「変」と書けるようにする学習は読み学習の範疇に入ります。

覚えやすいように分解してヒント付きの再生学習をする

「変」という漢字を絵のように見て分解し覚えようとする子どもと、言葉で分解し覚えようとする子どもがいます。子どもが好む覚え方に基づいて覚え方を考えます（長所活用）。そして「変」を「ろくじ、にふん、ゆうがたに、いっかいかわる」と覚えることになったら、「（ろ〇）じ、（〇）ふん、（ゆ〇）がたに、（い〇）かいかわる」のようなクイズを見て覚え方を思い出し漢字を書く練習をします。最後はヒントなしで書く学習やテストをします。

必要に応じて取り出しアレンジする

これらのやり方は教える環境や子どもの特性や必要に応じて一部だけ用いたり、順番をアレンジしたりして用います。河村（2019）を参照してください。

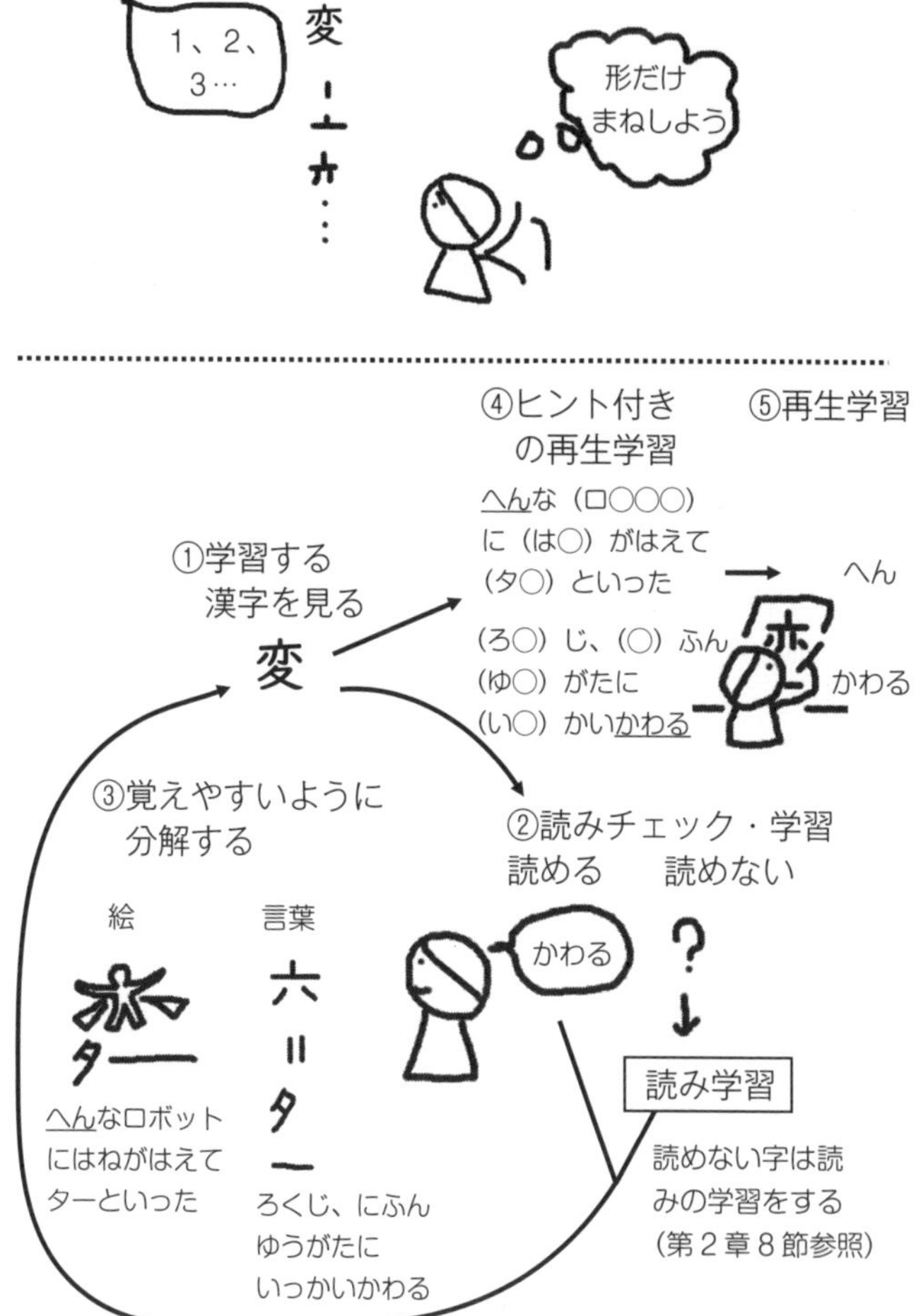
1、2、
3…
変
形だけ
まねしよう
④ヒント付き
の再生学習
⑤再生学習
へんな（ロ○○○）
に（は○）がはえて
（タ○）といった
へん
①学習する
漢字を見る
変
（ろ○）じ、（○）ふん
（ゆ○）がたに
（い○）かいかわる
かわる
③覚えやすいように
分解する
②読みチェック・学習
読める
読めない
絵
言葉
かわる
?
六
=
タ
へんなロボット
にはねがはえて
ターといった
読み学習
ろくじ、にふん
ゆうがたに
いっかいかわる
読めない字は読
みの学習をする
（第２章８節参照）

10

読解困難の原因を分析する

「読み」と「読解」は区別して考え支援します。また読解は、文章の意味を分かっていても答えられないことがあるように、文章の意味理解と設問に答えることとを区別して考える必要があります。

読解学習

読解学習は文章を読んで理解する学習のことです。学校の国語のテストでは普通、設問を読んで答えますので、本書ではそこまですべてを含めて考えます。文字を「読む」ことと「読解」を区別して考えるのは、読めるけれど読解できない子どもがいるためです。ワーキングメモリの言語領域に弱さのある子どもでは、例えば指示語「それ」が登場するまでに前の文章の内容を覚えていることができず、読めるが意味が分からないという現象が生じることがあります。以下では図に沿って読解困難の現れ方を考えます。

読めない・読むのが遅い

文字が読めなければ読解はできなくなりますが、他の人に読んでもらえば意味は分かる子どもがいます。ところが逐次読みや読みが遅い場合も「読める」が読解は困難です。私たちが「④②③①⑤」と書かれた暗号を次のような解読表「①ん、②い、③て、④よ、⑤き」を見ても一読して意味が分からないことと似ています。読めない字はないが字の読みに時間がかかると即座に意味を捉えられないのです。

読めるが意味が分からない・推論できない

また語彙が少ないと、文字は読めても意味が分からないことになります。私たち大人も専門書を読むと用語を読むことはできても意味が分からず、文章全体の意味も分からないことがありますが、それと似ています。

推論は読解の中で常に行われています。推論とは何でしょうか。「カツオノエボシは青みがかっています。そのため海の中では見つかりにくいのです。」という文を読むとなぜ見つからないのか分かります。それは「カツオノエボシが青く、海も青いので、同じ色で見つかりにくい」と推論しているためです。こうした複数の文をつなげて理解するには、ワーキングメモリの働きとともに背景知識も必要です。

設問に関連する読解

設問もまた文章で表されているため、その意味が分からなかったり、字や文を書くことに困難があるため設問に答えられなかったりします。読解困難のある子どもには設問にどう答えるかという支援まで必要です。

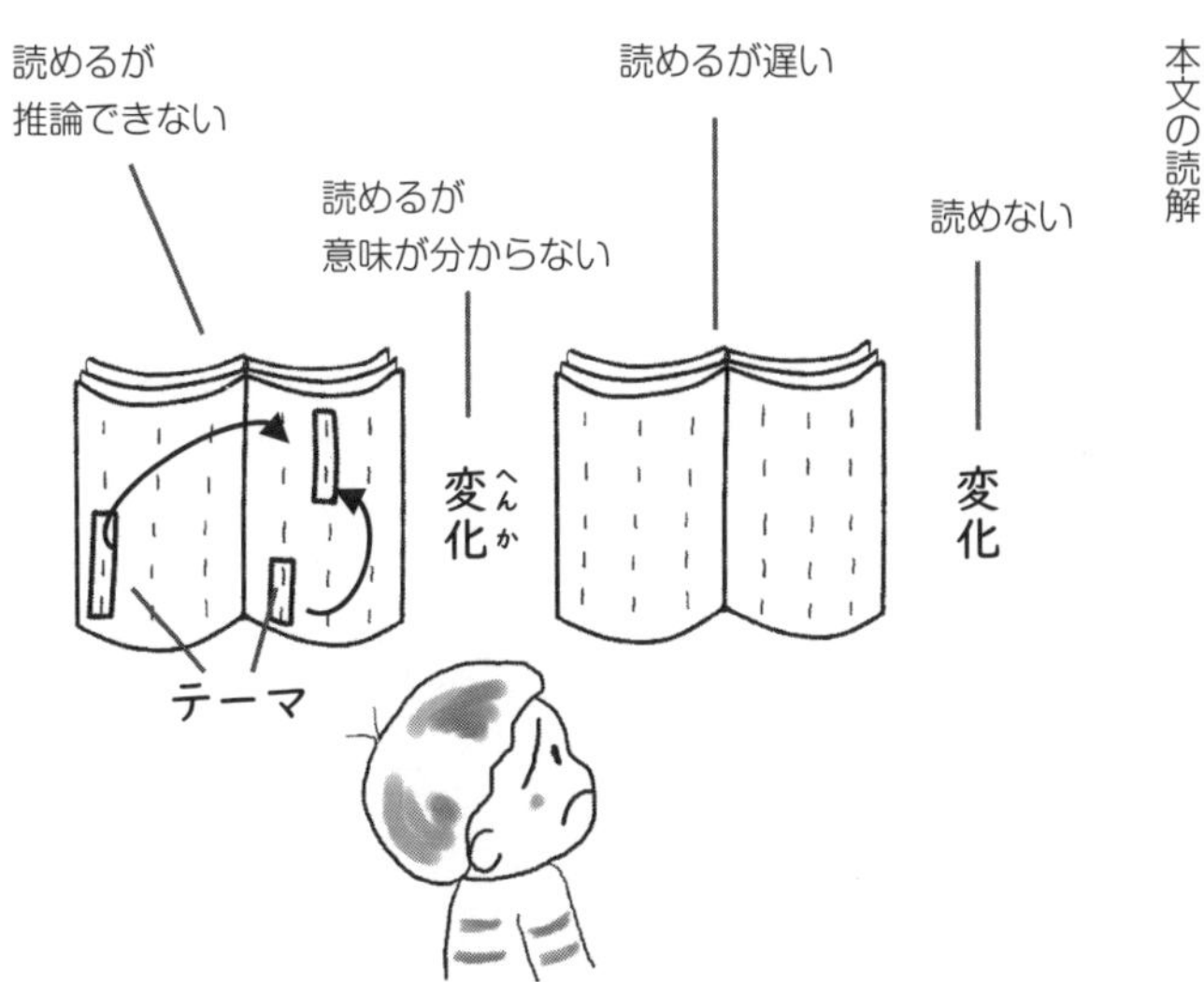
本文の読解
読めるが
推論できない
読めるが
意味が分からない
読めるが遅い
読めない
変化
変化
テーマ

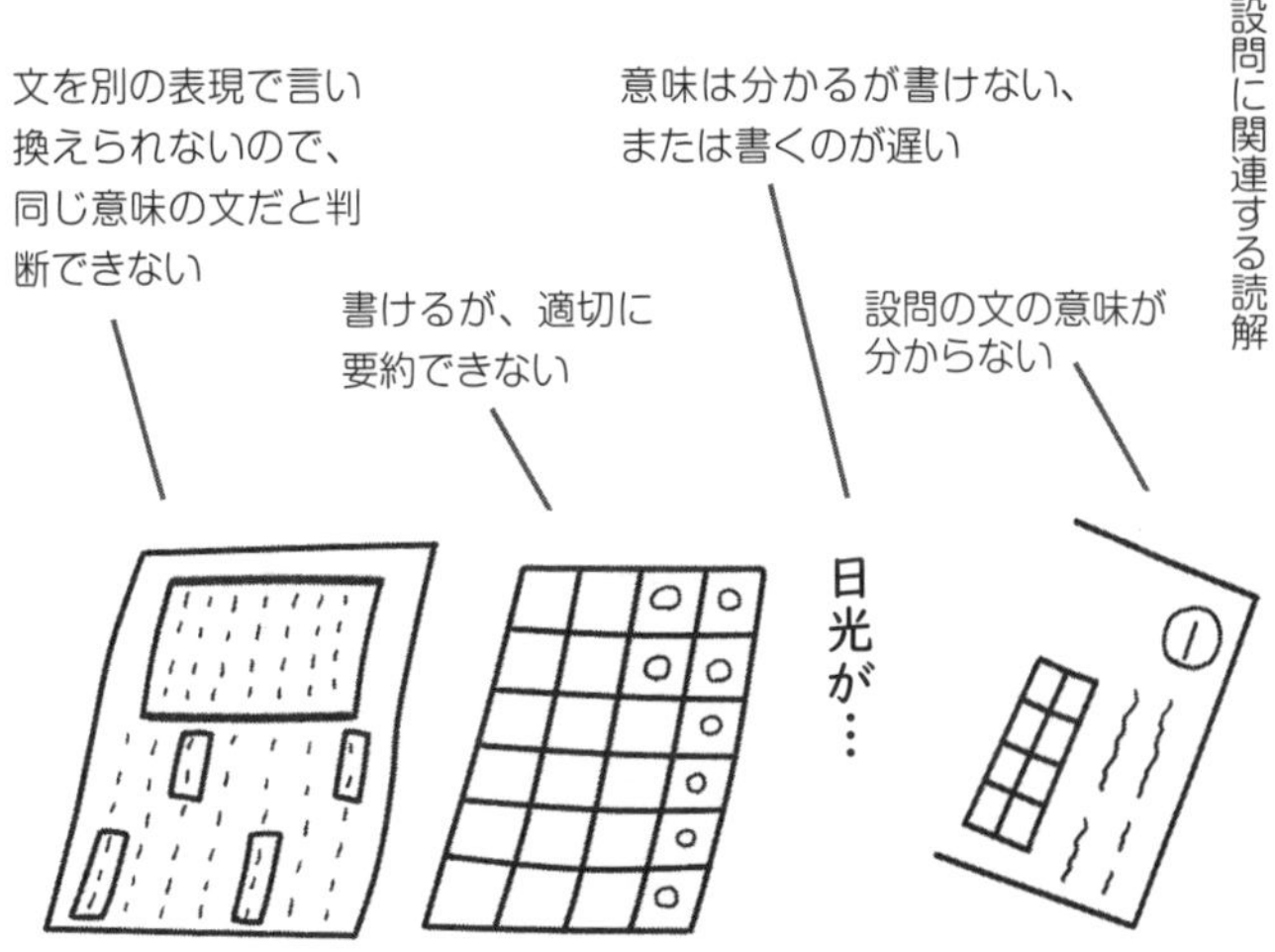
設問に関連する読解
文を別の表現で言い
換えられないので、
同じ意味の文だと判
断できない
書けるが、適切に
要約できない
意味は分かるが書けない、
または書くのが遅い
設問の文の意味が
分からない
日光が…

11

読解学習を支援する

前節で考えたように読解学習では文章を読んで理解することと、設問に解答することが必要です。ここでは前者の文章を読んで理解することについて、やり方の一つを紹介します。

子どもの読解困難に応じた支援

前節で考えたように読解困難のある子どもには様々な背景があります。読解支援を行うときはそれに応じた支援を行う必要があります。図にはその一例を示しました。例えば読みの困難があるために読解できない子どもには読み学習支援を行います。読むのが遅い子ども、語彙が少ない子どもには語彙学習支援を行います。しかしそれだけではやはり十分ではありません。読みに困難のある子どもに読み学習支援のみを実施して読めるようになっても、読解はそれほど改善しないものです。どの子どもにも読解を目的とした支援が必要です。支援の方向性とし

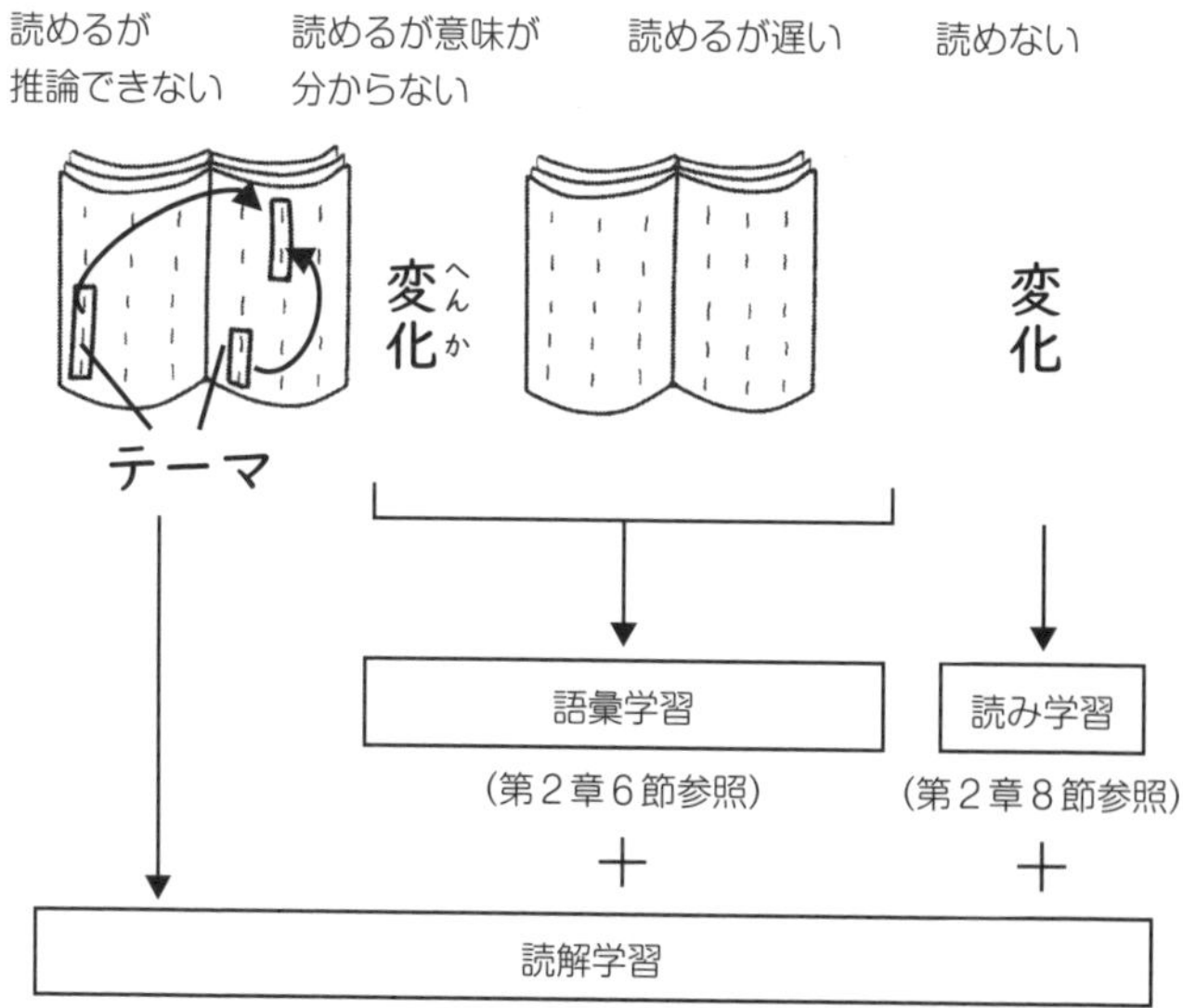

ては①各文を理解する、②それらをまとめることが基本と言えます。ここではいろいろな場面で使いやすいやり方を紹介します。

文の意味処理をする

文章を正確に読もうと努力すると、文の内容が頭に入ってこなかったという経験はないでしょうか。音を処理することにワーキングメモリの働きが割かれ、意味を処理することができなかったのです。読解困難のある子どもも似たような状況にあります。こうしたときに意味を処理する方向へ導くには文について質問をすることが大事です。例えば「カツオノエボシは不思議な形をした生き物です」という文章に対しては「カツオノエボシはどんな生き物ですか」「カツオノエボシは不思議な形をした何ですか」などの質問を支援者が作り、子どもが答えます。この質問は、子どもが理解をしているか確かめるテストではなく、子どもが文の意味を理解するためのものです。ですから元の文を読めば確実に答えられるように文の一部を5W1Hに置き換えているだけです。普通の長さの文であれば一文について一つ質問します。

推論を支援する

「カツオノエボシは青みがかった色をしているので、海の上から見つけることは難しい」という文では「海は青い」そして「青の中に青があると見えにくくなる」と推論して「見つけにくい」と理解できます。この推論が難しい場合、絵や写真で見ることで理解を支えます。さらにスモールステップで自発的な推論を支えることができます。「①カツオノエボシは何色ですか、②海は何色ですか、③青色の中に青色があると見つけやすいですか」のように推論の過程を質問にしたものに子どもが答えるのです。

各文を統合する

読解に困難がある子どもにとって意味段落や文章全体の内容をコンパクトにまとめることは難しいものです。そこで「カツオノエボシは、どんな大きさで、どんな色の、何ですか」のように5W1Hを使ったまとめのモデル文を質問として出し、子どもが答えるようにします。こうすると複数の文をまたいだ要約が可能になります。ここまでの「質問」すべてに共通しますが、テストのように「カツオノエボシは――大きさで…」のように空欄にしないことが大事です。空欄にすると途端に質問の難易度が上がってしまいます。

12

作文学習を支援する

作文の困難はワーキングメモリに弱さのある子どもでも大人でもしばしば経験されることです。スモールステップで支援者と楽しく学習する経験をすると、作文に対してポジティブなイメージを持つことができます。

作文の困難

作文の困難はワーキングメモリの弱さのある子どもにおいてとてもよく観察されるものです。ワーキングメモリの弱さの結果生じた読みの困難、書きの困難、語彙の少なさなど様々な困難も作文に影響する上に、作文を書くプロセスにワーキングメモリの働きが度々求められるのです。会話はとても上手で、経験したエピソードを生き生きと語れる人が、作文となると100字も書けずに困惑していることもあります。

アイデアを出し、保持する

最初のステップは書く材料を思い出すことです。ワーキングメモリに弱さのある人は、作文のテーマを保持しながらそれに沿ったエピソードやアイデアを思い出すという処理を行うことに難しさを示します。また次にすることへ注意を向けると、先ほど思い出した情報がワーキングメモリから失われてしまいます。アイデアを出すきっかけとして、あるいは出てきたアイデアを失わないよう、形に残るものを用います。写真や付箋、概念地図はそうした例です。

書く順番を決める

「順番を決める」ことにはワーキングメモリの働きが必要です。例えばアイデアを番号①⑤③と配列するか①④②の方がよいのかを考えるとき、両方を覚えておかなければ比較ができません。順番を決める段階では表や紙に改めて書き出します。

書く

書字に困難がない子どもでは自分で書いても構いませんが、一対一で支援可能なときは支援者が代筆するとよいでしょう。書くことそのものに注意が向くと、内容に対してワーキングメモリの働きを向けることが難しくなるためです。支援者のタイピングが速い場合はコンピュータで打ち込んでいくと、後の修正が容易であるだけでなく書くときの試行錯誤が可能になります。

増やす

一文を2倍に増やします。「日曜日に山に登った」という文があるとき「弟と駅裏の双葉山に登った」のような文を追加挿入すれば、全体では200字の作文を400字にできます。

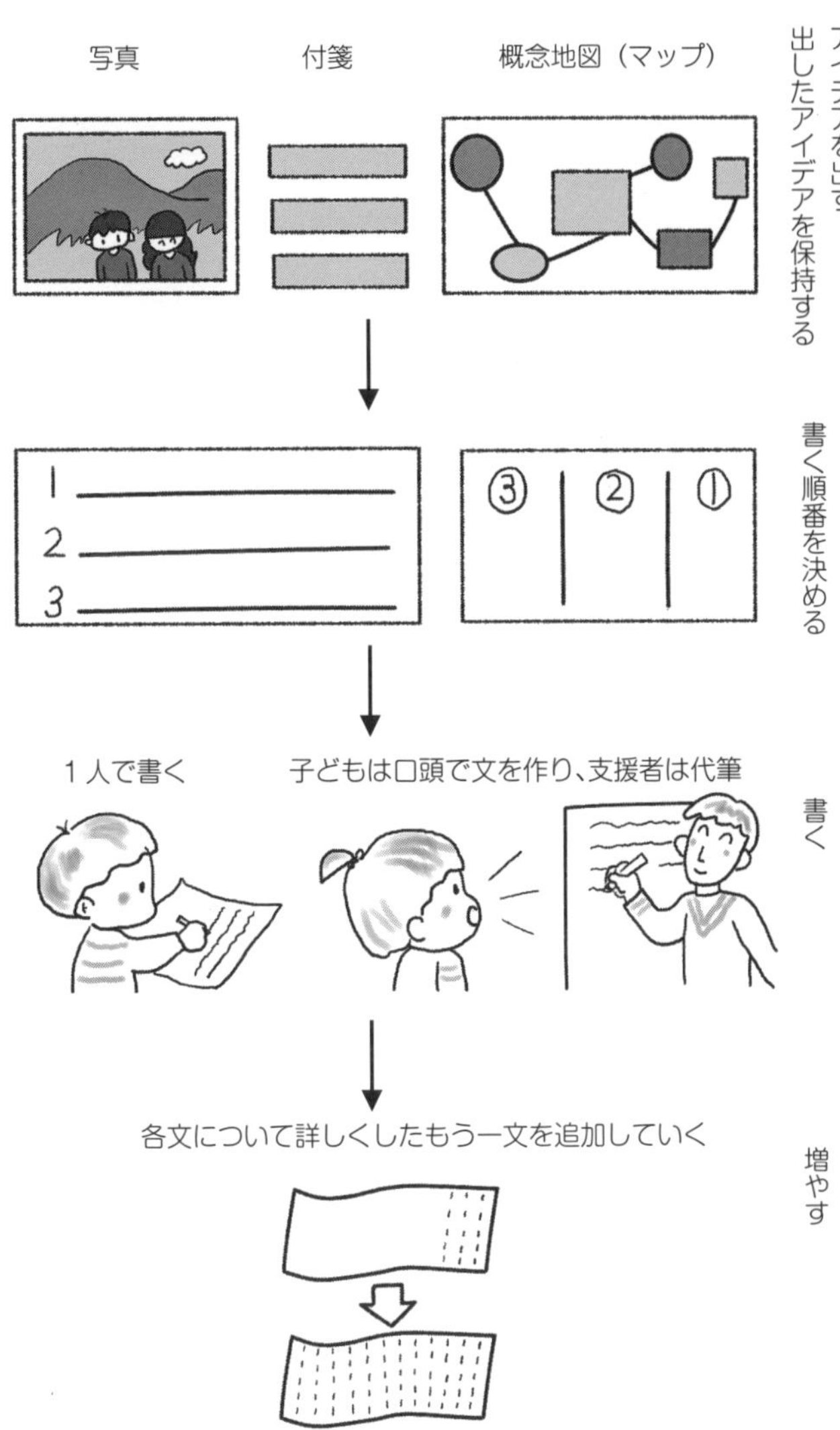
アイデアを出す
出したアイデアを保持する
写真
付箋
概念地図（マップ）
書く順番を決める
1
2
3
③
②
①
書く
1人で書く
子どもは口頭で文を作り、支援者は代筆
増やす
各文について詳しくしたもう一文を追加していく

13

英語の読み書き学習を支援する

日本語の学習ができるようになってきても、英語の学習が始まってからまたつまずくことがあります。

ここではなぜ著しい困難が生じるのかを考え、その支援方法を考えていきます。

英語学習の難しさ

ワーキングメモリの言語領域に弱さのある子どもが、中学の英語学習で著しく困難を示すことがあります。中には日本語の文字の読み書きはできたのに英語の読み書きのみ困難なケースもあります。その理由の一つは発音が複数あることです。図に示したように日本語化した発音で考えても ba に対して3種類の読み分けがあります。このことはスペリングの際にさらに大きな困難を呼びます。school と書こうとして skool と書いてしまうのは、ch と同様の発音の文字の候補がたくさんあるからです。こうした難しさに対応するため近年、フォニックスによる指導も広く行われています。読みのルールを整理して系統的に学ぶのです。また子どもの長期記憶に英単語の発音が少ないことも理由として挙げられます。ワーキングメモリに弱さのある子どもでも book や apple のような日本語化した単語については、読みを早く覚えますが、decide のような日本語ではあまりなじみのない単語の読み方はなかなか覚えられません。さらに文法用語の多さもワーキングメモリの負担になるでしょう。

英語学習の支援

ワーキングメモリの言語領域に弱さのある子どもの英語学習を支援するには、フォニックスや絵を使った語彙学習、読み学習（第2章6節～8節や参考文献の湯澤（2019）を参照）を行います。ここでは文法の学習の支援と、複数の文からなる文章の読み取りの支援とについて考えていきます。図のように、文法事項を学習するときは日本語から学習し長期記憶を活用します。日本語で肯定文と否定文を比較した後、英語でそれに相当する文を示し、二つの文の比較を行います。「否定文」という言葉を示すのは概念を理解した後です。もしも最初から子どもになじみのない言葉を示すと、それがワーキングメモリの一角を占めてしまいます。

ワーキングメモリに弱さのある子どもでは読みに精一杯で、単語を覚えることや、ドリルで学習しやすい穴抜き問題などに終始してしまい、英文を読む学習に取り組みにくいことがあります。この場合でも各文に対応して日本語で質問をすることで長文に取り組むことができます。例えば「…sea. We ate lunch on the beach.…」のような文に対して「私たちはどこで昼食を食べましたか」のような質問をします。こうすることでほとんどの単語を日本語で理解しながら、文脈の中で文の意味を読み取っていく練習ができます。

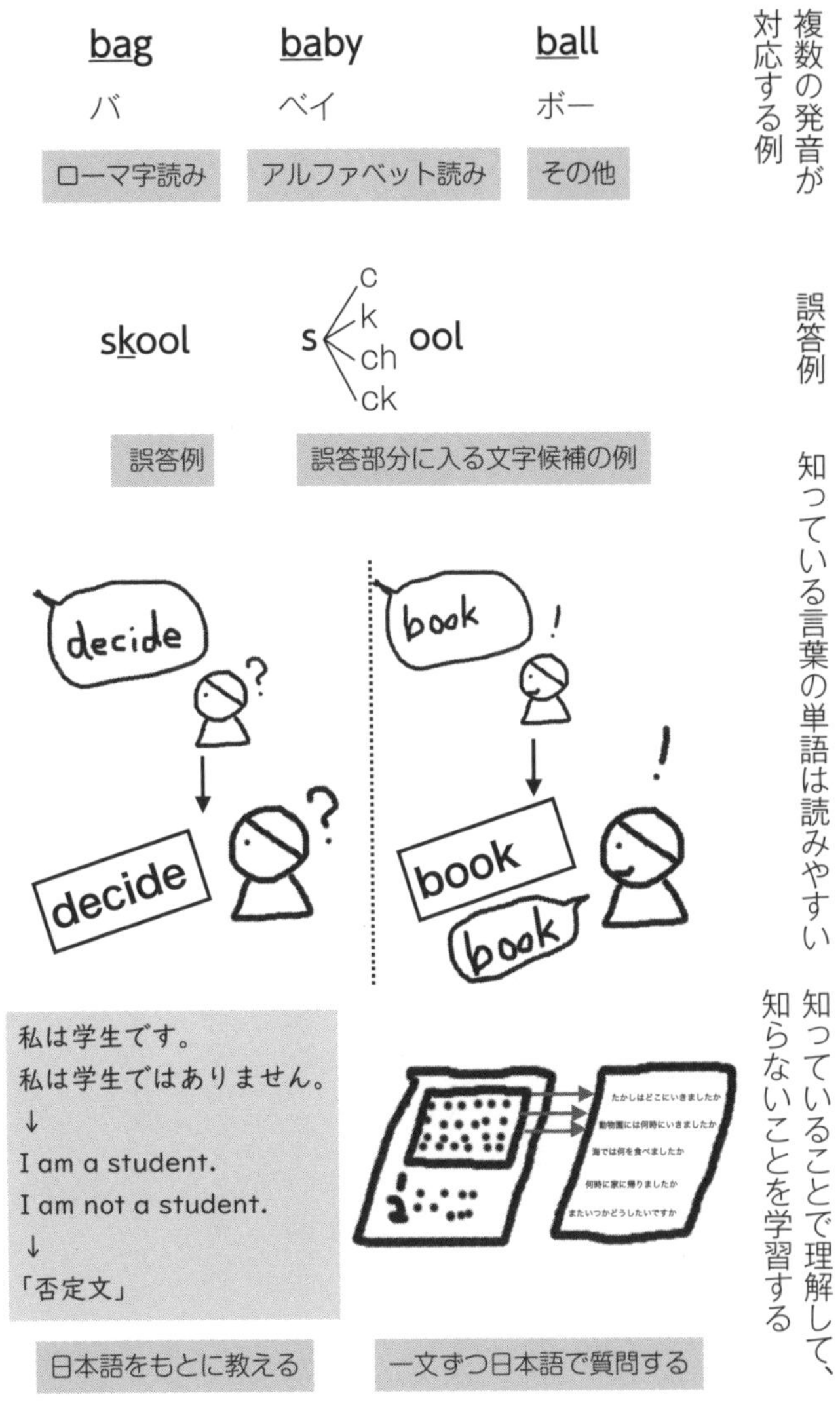
複数の発音が対応する例
bag
baby
ball
バ
ベイ
ボー
ローマ字読み
アルファベット読み
その他
誤答例
skool
s
c
k
ch
ck
ool
誤答例
誤答部分に入る文字候補の例
知っている言葉の単語は読みやすい
decide
decide
book
book
book
知っていることで理解して、知らないことを学習する
私は学生です。
私は学生ではありません。
↓
I am a student.
I am not a student.
↓
「否定文」
たかしはどこにいきましたか
動物園には何時にいきましたか
海では何を食べましたか
何時に家に帰りましたか
またいつかどうしたいですか
日本語をもとに教える
一文ずつ日本語で質問する

14 算数障害の状態と要因を探る

算数障害は読みの障害と併存することも多いので、理解されにくい障害でした。近年、研究が急速に進み、理解と支援のあり方が深まってきました。ここでは具体的に算数障害の状態について考えていきます。

算数の学習の困難に関わる要因

近年、算数障害に関する研究が急激に拡大し、なぜ算数の困難が生じるのか理解が大きく進んできました。その一つは数量の処理の弱さです。コンピュータ画面上に二つの数字が表示され、大きい数字をできるだけ速くタッチするという課題で、算数障害のある人は反応が遅れるとされます。私たちが同じ体験をするには「1、2、3…」の代わりにそれに相当するものとして「い、ろ、は…」を使ってみると分かります。「り・へ」のどちらが大きいか（後に出てくるか）を瞬時に判断するように言われると時間がかかるのではないでしょうか。数量を瞬時に判断できないのであれば「とりが7わいました。2わとんでいきました。いまなんわいるでしょう」を「2－7」と立式しても不思議ではありません。「いろは」なら「ろ－と」ですが、私たちは数字なら感じる違和感を感じません。数量の処理の弱さは算数全体に大きな影響を与えるでしょう。実行機能（第1章10節参照）やワーキングメモリの弱さも観察されます。計算に苦手さのある子どもが筆算など複雑な計算の中で4＋3を12と答えることがあります。九九の4×3＝12が思い浮かび、その情報を抑制できなかったのです。また足し算や引き算などいろいろな種類の計算の中でうまく切り替え（シフティング）をできず、すべて足し算で計算を続ける子どももいます。間違ったやり方で問題を解いたので正しいやり方を習ったのに、その直後から最初の間違ったやり方で解答する子どももいます。うまくアップデートができなかったのです。算数の困難には数量や実行機能以外にも様々な要因が関わっています。

●算数障害の現れ方

算数障害の出現率はおよそ５％、算数障害の中核としては計算障害があると考えられています。通常、８＋５であれば瞬時に13と答えが浮かぶほど自動化するのですが、計算障害のある人ではすぐには答えが思い浮かばず、年齢が上がっても指計算を使い続けることがよくあります。こうした子どもは「指計算をなくさないと計算が速くならない」と言われるのですが、おそらく「計算が速い人は指計算が必要ない」だけなのです。算数障害のもう一つの現れ方は数学的推論の困難です。数学的推論の例の一つは文章題です。計算ができない子どもは文章題でも苦手さを示しますが、計算はできるのにもかかわらず文章題に困難のある子どももいるのです。

計算や推論の困難は単純な繰り返しの練習では乗り越えられないことがしばしばです。数量や実行機能、ワーキングメモリの弱さに配慮した支援を行っていきます。

数量の処理の弱さ

素早く数の大小を判断

算数障害のある人は反応速度が遅くなる

実行機能の弱さ

$x^2+(4+3)x+8=x^2+\underline{12}x+8$ → 九九を抑制できなかった

$7+5=12$
$3+4=7$
$6-5=\underline{11}$ → やり方を切り替えられなかった

ワーキングメモリの弱さ

→ 暗算で十の位の計算中に一の位を忘れる

→ 正しいやり方を習ったのに、最初の間違ったやり方で解く

算数障害

計算の困難
- 年齢が上がっても簡単な計算に指を使う

推論の困難
- 文章題の解決が難しい

15

算数学習を支援する

算数・数学は範囲が広く、モザイクとも言われるように様々な種類の学習が交ざっています。ここでは数量とワーキングメモリ、実行機能に関連する学習支援について考えていきます。

算数学習の支援

算数学習に困難のある子どもの実態は把握しにくいものです。大学受験のための二次関数の問題を計算しながら常時指を使う高校生もいるほどです。いろいろなやり方によって本人も自覚しないまま適応的アプローチで学習を進めているのです。算数の支援の範囲は極めて幅が広く領域の固有性も強いので、ここでは重要なポイントに絞って説明します。

数量の処理の困難を実感する

算数学習に困難のある子どもが理解しにくい問題があるとき、支援者はその難しさを実感することが支援の第一歩です。そのやり方として「1、2、3…」を「い、ろ、は…」に置き換えて考えることがおすすめです（第2章14節参照）。例えば「2、4、6、□」のような2とびの数の穴埋め問題は簡単そうに見えますが困難な課題です。これを「いろは」に置き換えると「ろ、に、へ、□」です。どうでしょう、何が入るかすぐに分かるでしょうか。指を折りながら何が入るのか考えることになります。大体、「ろにへ」と書かれていても何を求められているのかちっとも分かりません。「2とびだな」と思うことすら難しいのです。これが数量の処理に困難のある子どもの気持ちです。同様に数の分解も

「いろは」だけで考えると難しいことが分かります。「8は6といくつか」はすぐ分かりますが、「いろは」に置き換えた「『ち』は『へ』といくつか」はすぐには分かりません。

実行機能やワーキングメモリの弱さの顕在化

第2章3節で取り上げたように、たくさんの情報がある問題では抑制ができずに混乱します。指で押さえたり、スリットを使って必要な情報だけ見えるようにしたり、透明板を使って必要な情報を保持しやすくしたりします。図のようにたくさんの三角形の中から特定の三角形を探すとき有効です。

ワーキングメモリの弱さがある子どもでは文章題の困難を示すこともあります。文章から視空間的なイメージを作り上げられないのです。文章題は子どもがよく知っているものに置き換えることで解決できることがあります。バスに乗ったことのない子どもが「7人がバスに乗っていました。5人降りて、3人乗ってきました。今何人」という文章題が解けませんでした。これを「7円を持っていました。5円使って、3円もらいました。今何円」とお金に置き換えると即座に解くことができました。あるいは大きな数の文章題が難しいとき文章題の形はそのままで数だけを小さな数に置き換えると解けることもあります。

それでも難しい問題は図のように注意を焦点化し、解決ステップを一つずつ取り組めるように、紙を折り開いていく形式のプリント（折説明プリント）で取り組みます。詳しくは参考文献の河村（2018）、湯澤・河村・湯澤（2013）を参照してください。

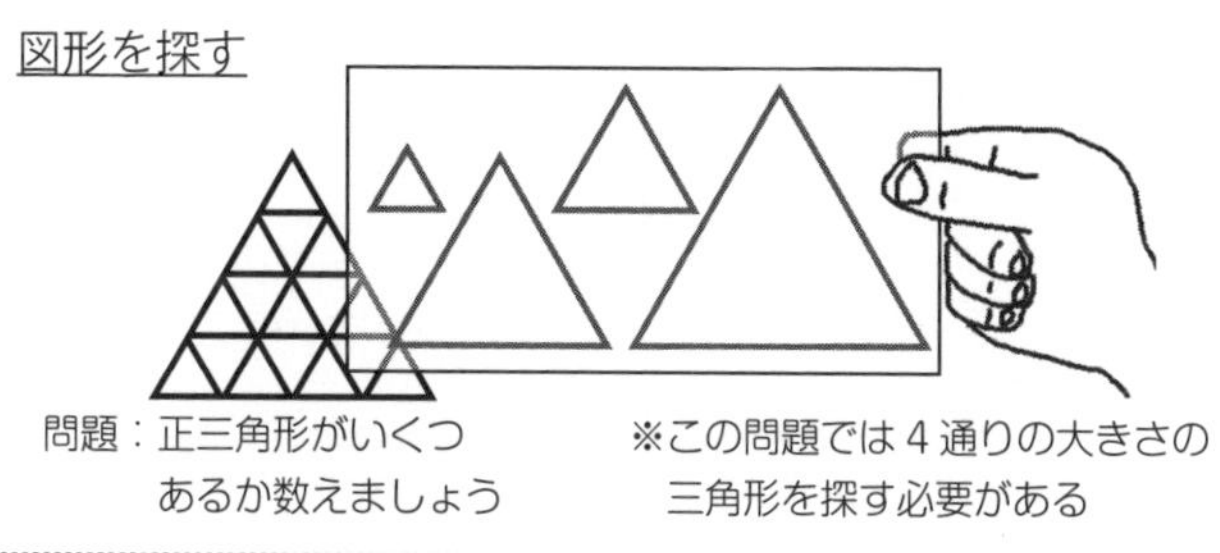

折説明プリント

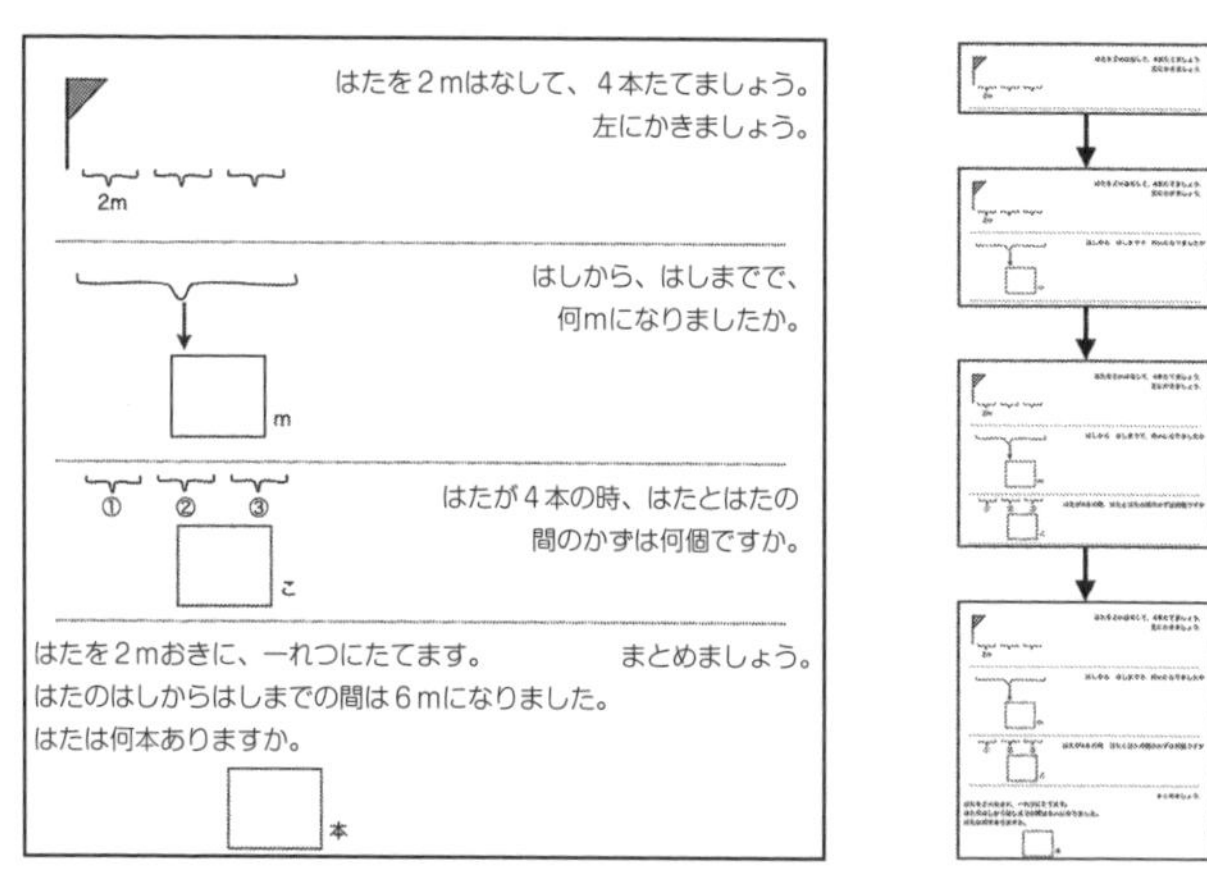

※線で折り開いて取り組んでいく

16

一課題一目的を心がける

一つの学習の中で子どもに複数のことを身につけさせたいと思うのは大人の性かもしれません。しかしワーキングメモリに弱さのある子どもには、一つの学習には一つの目的のみを設定します。

漢字の書きとワーキングメモリ

漢字の書きのテストや宿題は毎日のように行われます。漢字の書字に困難がある子どもはしばしばこれに苦戦します。書字に困難があると1字どころか一画一画に情報の処理を集中しなければなりません。すると当然のことながら、ワーキングメモリで他の情報を保持する余地は少なくなります。

ところが、例えば漢字の書きの宿題では、字形を正しく書くこと、画の脱落や追加がないこと、とめやはねも忘れないこと、筆順通りに書くこと、○ページ書くことなど、同時に多くの条件があって求められます。ワーキングメモリに弱さがあって書字に困難がある子どもでは、これらの条件を同時にワーキングメモリに保持できないでしょう。宿題に真っ赤に添削が入ることもよくみられます。

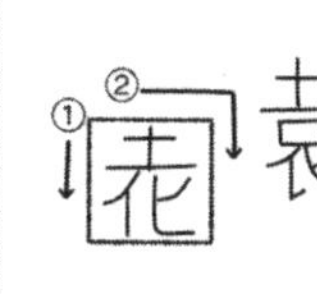

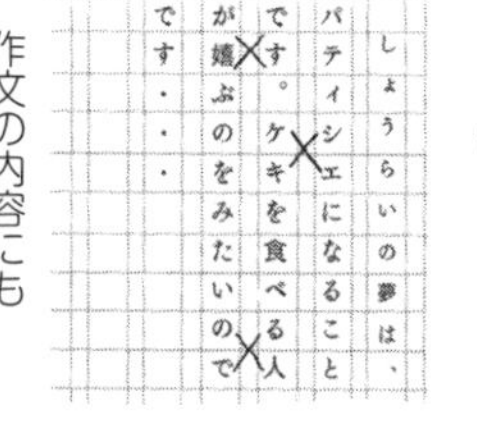

作文とワーキングメモリ

ワーキングメモリに弱さのある子どもでは作文にもしばしば困難を

示します。まず字数が足りません。いくつか書き出すと、後が詰まってしまうのです。また漢字の使用が少なく、誤字脱字が多く、句読点を忘れる子どももいます。文字を書くことは苦手でなくても、あったことを順番に書き出し、最後に気持ちを書いて終わりという決まった形だけの子どももいます。どのように書くかに情報の処理を集中するので、エピソードをワーキングメモリに思い浮かべられないようです。

作文でも、よい内容で書くこと、字を正しく書くこと、漢字を使うこと、いつもと違うパターンで書くことなど多くの条件があって、子どもはそれを求められます。ワーキングメモリに弱さのある子どもでは、これらすべての条件を保持しながら書くことは難しいでしょう。

ここが子どもをみるポイント

一課題一目的

ワーキングメモリに弱さのある子どもに支援を行うときは、一課題一目的を心がけます。

例えば漢字の書きで最も大事なのは読める漢字を書くことです。筆順が典型的でなくても、字が乱雑でも、はねやとめがなくても、読むことができればよしとします。ワーキングメモリが強い子どもには複数の条件を意識しながら書くように求めてよいですが、弱い子どもには、その学習の中で最も本質的な条件のみを要求します。

作文ではどうでしょうか。本質的に大事なことは内容なので、その点だけに支援を集中します。ワーキングメモリに弱さのある子どもでは、内容に集中すると、文字についてはひらがなだけを使ったり、誤字脱字が増えたりすることがあります。それらに注意を向けられないほど内容に対してワーキングメモリの働きを使っているのです。誤字脱字を「字の間違いに気づかないほど内容に集中していた」と褒めてもよいほどです。もしどうしても作文の中で漢字を書く練習をしたいならば、そのためのプリントを作ります。例えば「もしも透明になれたら」のような子どもが書きたくなるテーマを用意して、支援者と子どもで短い作文をします。漢字を5個以上（支援者は30個以上）使ったら勝ち、という対決形式にします。このように一課題一目的の原則を守って、様々な学習を進めます。

17

メモが難しいことを理解する

記憶することが難しいならばメモを取ればよい、というのは自然な発想です。しかしワーキングメモリに弱さのある人ではメモそのものが難しい場合があります。周囲がその難しさを理解することが出発点になります。

ワーキングメモリの弱さとメモ

ワーキングメモリに弱さのある人はしばしばメモが苦手です。簡単なメモすら取らないことがあります。記憶が苦手なのだから外部記憶としてのメモを活用すればよさそうですが、なぜなのでしょうか。

あるワーキングメモリに弱さのある大人は、アルバイトで中心的な立場になりました。そこで「〇〇をやっといて」と仕事を割り振るような指示を受けたときは、復唱をせずに「今の頼むね」と他の人にパスするそうです。復唱しようとすると、その瞬間に忘れてしまうからだそうです。それほど情報はすぐに消え去ってしまいます。

メモができない人になぜできないのかを聞き取ると、次のように教えてくれました。第一に、メモが必要な場面でもメモのことを思い出せないのです。今聞いている情報を処理することにワーキングメモリの働きを使い尽くし、メモのことがワーキングメモリに思い出されないのです。第二に、メモのことを思い出せたとしても、メモを探そうとして目を動かした瞬間に何をメモするのか忘れるのです。第三にそれを乗り越えてメモを手に取れたとしても、鉛筆をメモに当てた瞬間に何をメモしようとしたのか忘れます。それは首からメモと鉛筆を下げていても同じです。第四にメモが増えすぎます。「隣の部屋に鉛筆を取りに行く」というレベルでメモをする必要があるので、たちまち机の上はメモで溢れかえり、何が大事なことなのかも分からなくなってしまいます。第五に、メモはいったん視界から消え去る必要があり、そのため必要なときに思い出されません。例えば「牛乳を買う」というメモはポケットにしまって家路につきます。その途中にお店を見ても牛乳のことは思い出されず、玄関の前で鍵を出すためにポケットに手を突っ込んだとき、ようやくメモのことを思い出します。これを解決するには眼鏡にメモを貼り付けるしかありません。

メモは強力な外部記憶装置ですが、これを適切に運用するにはそもそもワーキングメモリの働きが必要です。ワーキングメモリに弱さのある人はよく「記憶が苦手ならメモを取ればいいのに」と言われます。これは「パンがないならケーキを食べればいいのに」と同じなのです。

学習の中のメモをどうサポートするか

ワーキングメモリに弱さのある子どももまたしばしばメモが苦手です。数を記憶することが苦手なはずなのに、計算のプロセスを書かず、暗算に頼ろうとする子どもがいます。そして結局、間違えるのです。

作文のためにメモを書こうにも、一つか二つ思い出すのが精一杯で、後が続きません。ワーキングメモリに弱さがあると大人ですらメモができませんから、子どもでは無理はありません。メモを書けるようにするよりは、メモを書けないことを理解することが大切です。何回も言われてきたのに暗算で解こうとする子どもは、書くことの難しさを共感するだけでホッとした表情をすることがあります。

ここが子どもをみるポイント

メモが難しいことを理解する

メモが難しい子どもにはメモを書くようアドバイスするより、メモの難しさを理解します。その上でメモを取らなくてもよいように配慮します。一人ひとり、適切なメモのあり方は異なり、変化します。子どもと相談することも大事です。大人になったらコンピュータやスマホのアプリや機能を駆使してメモを活用していることがあります。長い目でメモの改善と付き合っていく必要があります。

18

視写の難しさを支える

黒板の文字をノートに写すことは、前節のメモをすることの難しさと同じように難しいことです。ワーキングメモリの弱さがある人ができないと言っていることとは文字通りに受け止めて、支援を行うことが大事です。

黒板の字を写すのに時間がかかる

ワーキングメモリに弱さのある子どもでは、黒板の字を写すのにひどく時間がかかることがあります。教室の後ろから見ていると1文字1文字顔が上がったり下がったりしています。写す内容を単語で覚えられないので、1文字ずつ書いているのです。

黒板を見ている顔の位置からノートの位置まで30㎝ほど視線を移動するとき、一瞬でも必ずワーキングメモリの働きが必要です。ワーキングメモリに弱さのある子どもでは知らない単語は覚えにくい（第1章8節参照）ことがありますが、悪いことに授業では知らない言葉を習うものです。またワーキングメモリに弱さのある子どもは語彙が少ないことがありますが、そうなると他の子どもが知っている言葉であっても知らないことがあるのです。すると他の子どもでは楽々視写できる内容であってもワーキングメモリの負担が高まるのです。

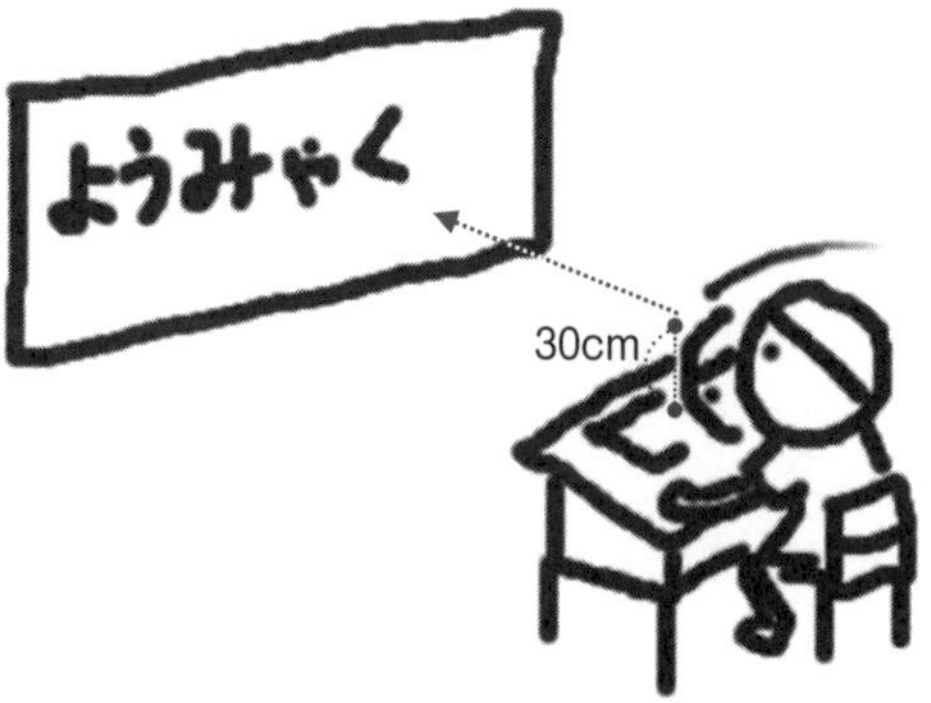

また黒板とノートの間を視線が往復するとき、写していたのがどの位置だったのか覚え

ていられないことがあります。字を書くことが困難であると、ワーキングメモリの働きをそこに使ってしまいます。このように何重にも視写を妨げる要因があり、またそれは子どもによって異なっています。

適応的（代替的）アプローチ

視写ができない子どもに対しては、まずできない視写を治療的にできるようにしようとするよりは、視写ができないのならば書かなくても済むやり方を検討することが重要です。例えば書かなくて済むように一部だけを空欄にしたプリントを配る、プリントを拡大印刷して黒板に貼り、黒板と机の上のプリントを対応させやすくする、タブレットで黒板を撮影する、などです。

子どもがノートテイキングをどうしたいのかをよく聞き取って、相談しながら決めるとよいでしょう。ある子どもはある程度ノートテイキングはできるので視写をしていましたが、最初の15分はがんばれますが次第に字が読めないものになり、最後は諦めていました。そこでタブレットを併用し、黒板が消される直前を撮影して自宅で印刷しノートに貼り付けるようにしました。字が大きいので最初はＡ４のノートを使っていました。しかし段々と慣れるにつれてB5サイズのノートでも書けるようになりました。このようにやり方はしばしば変化していきます。最初は大袈裟にも見えるやり方が段々とコンパクトなものになることはよくみられます。

ワーキングメモリの働きは年齢とともに少しずつ増していきます（第1章6節参照）。後に徐々に視写がやりやすくなる場合もあるので、そのときまでに視写という行為が嫌いになって視写から離れてしまわないように今配慮できることをします。

適応的（代替的）アプローチを妨げるもの

大人の側の考え方として、「将来、大人になったとき支援はないのだから自分でできるようにしないと（だから特別な支援はしない）」という言い回しをよく耳にします。これは「大人になって支援のない環境もあることに備えて、教育期間中を通して自分でできるように少しずつ支援をしていく」と考えるべきです。字を素早く書く練習は授業の中の視写を通して副次的に行うのではなく、そのことを主目的としたプリントで行うように一課題一目的化します（第2章16節参照）。授業の視写の目的は本来授業の内容を記憶にとどめやすくすることなので、使いやすい手段を使えばよいのです。

19

やる気なのか？困難なのか？両者にアプローチする

ワーキングメモリに弱さがある子どもだと分かっていても、周囲の大人は「できないのか、やる気がないのか」で迷うようです。Can と Do の視点を持って、その両方にアプローチしていきましょう。

できないのか、やる気がないのか

学習に困難のある子どもが学習に取り組みたがらず、机に突っ伏してみたり、ときに反抗的とも思える態度をとったりすることがあります。決して完全にできないわけではなく、上手ではないですが読んだり書いたりすることはできます。宿題を夜の11時までやらずにテレビを見るなどして引っ張ったあげくに取り組み始め、深夜までかけて終わらせる子どももいて、こうした様子を見ていると、「本当にできないのか、それともやる気の問題なのか」と疑問に思う支援者もいます。

Can と Do の違いを見分ける

なぜ「できない」と「やる気がない」に支援者が分けたくなるのかと言えば、子どもに接する際のやり方が異なるためでしょう。図①のように認知処理に弱さがあって本当にできないのならばそれに応じた支援を、やる気がないためにやらないのならば、やる気を出す支援をするべき、という暗黙の仮説があるのです。

しかし「できない」と「やる気がない」ことは区別が難しいものです。Can か Do かの視点からみることが重要です。②のようにワーキングメモリに弱さがあり学習に困難がある子どもでも、一時的には要求される学習に取り組めます。しかしそれは100m走を走っている状態で、瞬間的な最大値を示しています。このようなCanに対して、日常的な学習や宿題はDoであり、長距離走のようなものです。100m走の走りを継続することはできません。一時的にがんばりを要求される場面でできていることを日常的にはできないことは、ワーキングメモリに弱さのある子どもの学習ではよくあります。がんばればできるのにやらないのは、「やる気がないから」と解釈されがちなところです。

自己効力感を増す支援を

そして③のようにできないことを繰り返しているうちに、できないと最初から分かってしまい諦めることになる負のスパイラルが生じてしまいます。「やる気がない」とされる子どもが認知特性に応じた支援を受けて、できるようになったとき「できた」と笑顔になることがあります。子どもができるやり方を支援者とともに見つけて取り組み、少しでもできていることが実感できたとき、自分が無力な存在ではないと感じられるようです。「できないのか、やる気がないのか」ではなく、こうした自己効力感、つまり学習に対して自分は無力ではないという感覚を得られるような支援を目指す必要があります。

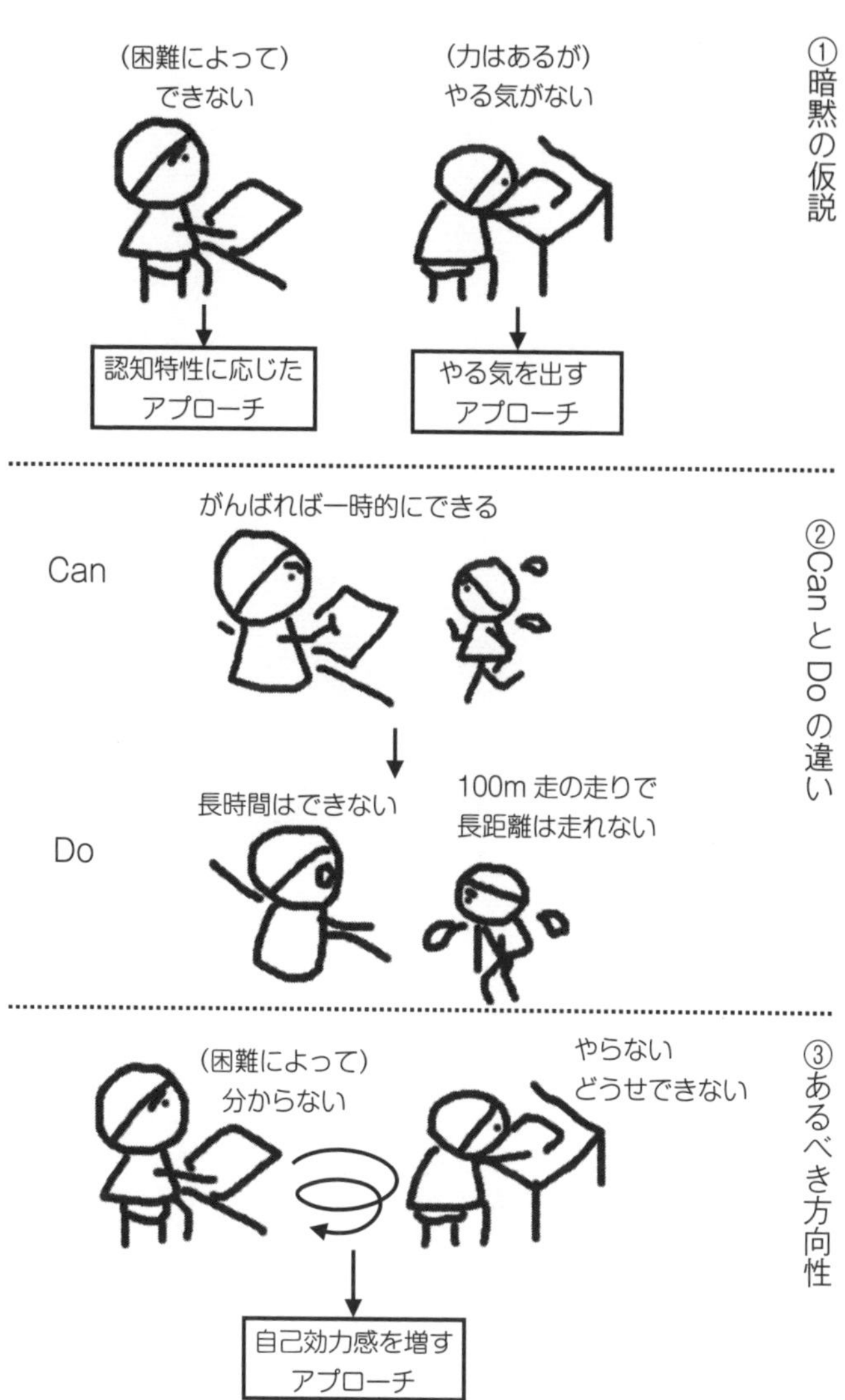
①暗黙の仮説
（困難によって）
できない
（力はあるが）
やる気がない
認知特性に応じた
アプローチ
やる気を出す
アプローチ
②Can と Do の違い
がんばれば一時的にできる
Can
長時間はできない
100m 走の走りで
長距離は走れない
Do
③あるべき方向性
（困難によって）
分からない
やらない
どうせできない
自己効力感を増す
アプローチ

20

学習は当該学年の「できるところ」から行う

現在の学年の学習が難しいからと、学年を下げた内容で学習をすることはあります。しかし現在の学年の学習でもできることはあります。できることを同時進行で取り組むようにします。

学年の問題

ワーキングメモリに弱さのある子どもでは、困難のある学習については少しずつ確実に学習を進める戦略をとることが多いと思います。しかしそれでは次第に進度が遅れ、小学校4年生なのに2年生の学習をすることになり、いつまでも追いつけません。子どもは学年に敏感です。ゆっくり学習していることをネガティブに捉えると自己評価の低下につながりかねません。学習する学年はワーキングメモリに弱さのある子どもにとって便宜的な目安に過ぎません。例えば「天」も「下」も小学校1年生で習う簡単な漢字ですが、この二つの漢字を使った「天下」の概念は難しいものです。学習する材料には簡単な側面も難しい側面も含まれているのです。

また小学校5年生で習う単位量あたりの大きさ（単位量）は、とても難しいものです。算数の学習に困難のある成人が「1mが400gのパイプがあります。1.2mでは…」という問題を習ったときのことを振り返って「1が400って言ってもねえ」と感想を述べたほどです。ところが同じようにこの問題を理解できずに6年生になったある子どもは、比の計算方法（1：400＝1.2：x）を知ってからは容易に解決できるようになりました。後から振り返って分かる側面もあるのです。

当該学年の学習と復習を組み合わせる

4年生の子どもがいつまでも2年生の学習に取り組んでいると、自己評価の低下につながる可能性があります（図①）。自己評価の低下を防ぎながら学習を進めるには当該学年の学習と低い学年の学習を組み合わせます。例えば4年生で学習の困難が明らかになった場合、最初は4年生の学習内容の中からできるところを取り出して学習して、そこに2年生の必要な学習も組み合わせていきます。ただし一度に学習できる量には限界がありますので、学習する範囲は絞ります。絞り方は子どもの学習の進み方、将来の進路や生活における重要度から逆算します。成果を得やすい学習に重点を置くこともありますし、最も難しいと思える学習に重点を置くこともあります。時間を置いて振り返って学習すれば容易に理解できそうなことは、今は無理に学習しないこともあります。

できるところを選ぶ基準

図②のようにワーキングメモリに弱さがあっても当該学年の学習で「できるところ」は必ず見つかります。漢字の読みなら語彙として簡単なもの、書きならば画数が少ないもの、数学でも計算手続きは学習しやすいものです。

①今と過去を組み合わせる

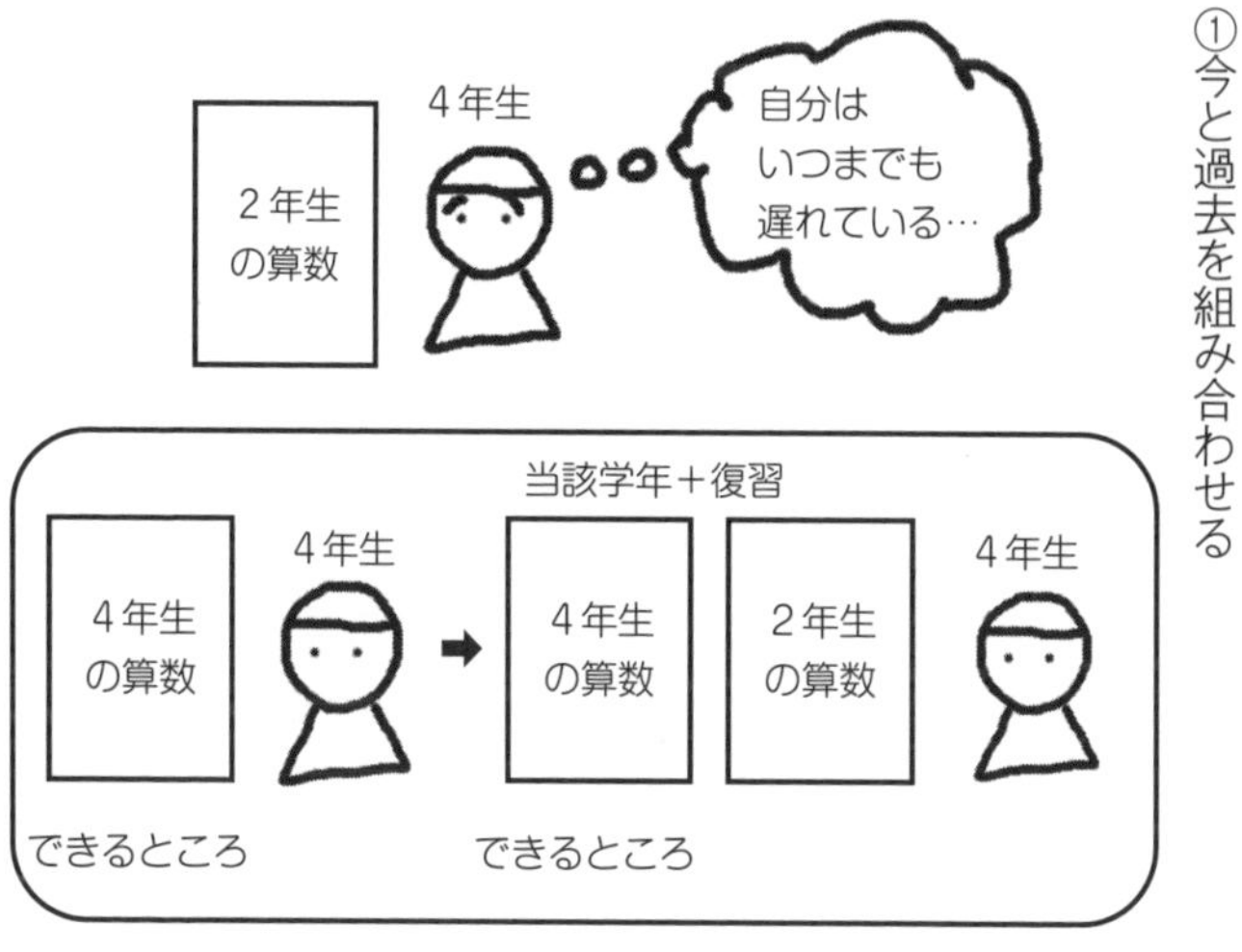

②できるところを選ぶ基準

「できるところ」を選ぶ基準の例

・漢字読み：語彙水準として簡単なもの

牛乳（6年生）

・漢字書き：画数が少ないもの

干す（6年生）

中学数学：手続きでできるもの　$3x+4=2x-6$

（「方程式の利用」は難易度が高い）

21

意味が分かってから名前をつける

ワーキングメモリに弱さのある子どもでは、新しく知る言葉を覚えにくい場合があります。新しい学習を始めるときはその特性に配慮して、内容が十分に理解できてから、その学習の名前を知るようにするやり方があります。

知らない言葉はワーキングメモリの負担になる

新しいことを学習するとき、黒板にテーマや新しい用語をめあてとして書くことがあるかもしれません。気をつけなければいけないのは、子どもの知らない言葉はワーキングメモリの負担になるということです。例えば図①のように「be動詞の否定文」と最初に書いてしまうと、まだbe動詞の意味もよく分かっていないのにさらに否定文という用語がワーキングメモリを占めてしまい、後の説明を処理するための余裕が少なくなってしまいます。ワーキングメモリの言語領域に弱さのある子どもでは、「〜ではありません」のように知っている言葉でやっていることを理解し、そうした学習の最後に「これを否定文と言います」とラベルづけする（第2章13節参照）方が負担は少ないようです。理科や社会でも同様です。

説明を減らすために対比する

大人が子どもに何かを説明するとき、ほとんどの場合、言葉を使います。この説明の言葉そのものがワーキングメモリで保持しなければならない対象になります。ワーキングメモリの言語領域に弱さのある人が成人になってから「授業の最初は一生懸命聞くんだけど

5分しか持たずに、あとはぼんやりしていた」と言ったことがあります。図②のように新しい概念を説明するときは言葉に頼りがちです。これを回避するには学習済みの内容（長期記憶にあるもの）と対比することです。否定文という概念を理解するときは肯定文と否定文を比較します（第2章13節参照）。be動詞と一般動詞の概念を理解するときは、be動詞の肯定文と一般動詞の肯定文を示し、それぞれ否定文に変形して見せて、子どもがその違いを指摘します。こうしたやり方によって説明を言葉ですることなしにbe動詞と一般動詞という異なるラベルを用いる必然性が理解できます。この学習順序であればワーキングメモリに弱さのある子どもにとっても容易です。

テストする場面でも意味からラベルへ

文法用語を学ぶとき「『どんな』を修飾語と言います」と習うとすぐ「修飾語に○をしましょう」とテストすることがあります。ワーキングメモリの言語領域に弱さのある子どもでは「修飾語は『どんな』だから、どんなを探す」とワーキングメモリで変換することが難しいのです。それよりは「『どんな』に○をしましょう」とテストして、次第に「修飾語に○をしましょう」と教示を変えていけば少ない負担で理解できます（図③）。

①意味が分かった後で
ラベルをつける
be 動詞の否定文
be 動詞？
否定文？
～ではありません
否定文
なるほど
②対比することで必然性が分かる意味や
ラベルがある
I play baseball.
I don't play baseball.
一般動詞では
動詞の前に…
頭いっぱい
※説明している内容ではなく、
説明そのものがワーキング
メモリを占めてしまう
I am a student.
I play baseball.
I am not a student.
I don't play baseball.
be 動詞　一般動詞
どう違う？
not と
don't
③可能ならテストも意味
からラベルに進む
修飾語に○を
しましょう
赤い花
修飾語？
なんだっけ
「どんな」に
○をしましょう
赤い花
「修飾語」に
○をしましょう
青い花
「どんな」
が修飾語ね

22

リズムよく クイックレスポンスする

私たちもコンピュータの動作が重く、操作したのに反応が遅れることが続くと、とても疲れてしまいます。

ワーキングメモリに弱さのある子どもが学習するときは、子どもの行為に対して即座に反応があるような仕組みを作ります。

概念と言葉を結びつけるときの時間

スピーチを聞いているとき「えーっと」や「その」という言葉が頻繁に入ると聞きづらいものです。「先ほどの◯◯とは、えーっと、つまり、△△と同じことです」と話すと、△△が登場するまでワーキングメモリに◯◯という情報を保持し続けなければなりません。ワーキングメモリに余分な負担をかけてしまうのです。

同様に図①のように長い説明をすると、説明の間に肝心な言葉を忘れたり、説明でワーキングメモリがいっぱいになったりしてしまい、概念とラベルが結びつかなくなってしまいます。説明や問題・答えが絵や文字で表されているとワーキングメモリで覚える必要がなく、即座に反応できるので学習しやすくなります。

説明している間に逃げてしまう子ども

ワーキングメモリに弱さのある子どもが、支援者が算数の説明の図を描いている間に逃げてしまうことがありました。プレゼンテーションソフトで提示すると最後まで聞くことができました（図②）。図を描くほんの少しの時間もワーキングメモリを働かせ続けないといけないので負担になったのです。私たちもスマートフォンやコンピュータの反応が悪くなると、イライラして疲れてしまいますが、それと同じです。

クイックレスポンスする

こうしたことから分かるのは、子どもの反応にクイックレスポンスすることで、説明の情報量をワーキングメモリで扱いやすいサイズにすることが大事であるということです。ある概念を説明する中で子どもに質問し、子どもが答えたらすぐに続きの説明をして、リズムよく概念全体を説明していくのです。第2章15節で取り上げた「折説明プリント」はクイックレスポンスを実現するための手段でもあります（図③）。

市販の一問一答問題集もそうです。問題に対して答えのページが離れたところにあると、ワーキングメモリに弱さのある子どもは疲れたり（探している間もワーキングメモリに情報を保持する必要があるため）、何を探していたか分からなくなったりします。左ページに問題が、右ページに答えがある一問一答形式はワーキングメモリの弱さがあっても学習しやすいです。コンピュータ教材が正答すると即座にピンポンと音がするのも同様です。

大袈裟にクイックレスポンスと言わなくても、教える行為を「リズムよくする」よう心がけることは、結果的にクイックレスポンスを実現するはずです。

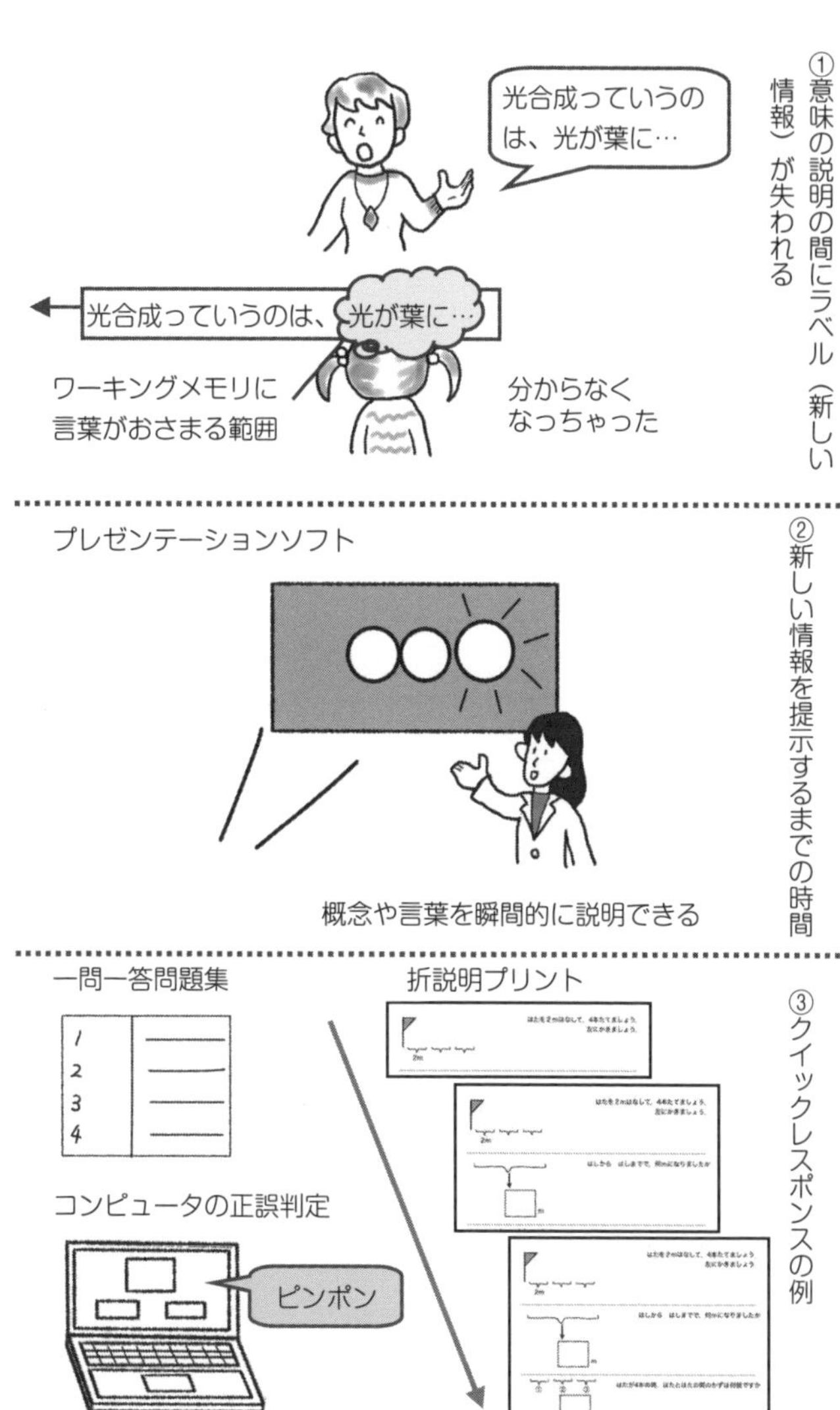
①意味の説明の間にラベル（新しい情報）が失われる
光合成っていうのは、光が葉に…
光合成っていうのは、光が葉に…
ワーキングメモリに
言葉がおさまる範囲
分からなく
なっちゃった
②新しい情報を提示するまでの時間
プレゼンテーションソフト
概念や言葉を瞬間的に説明できる
③クイックレスポンスの例
一問一答問題集
1
2
3
4
折説明プリント
コンピュータの正誤判定
ピンポン

第3章

「ワーキングメモリ」を鍛える学習アイデア

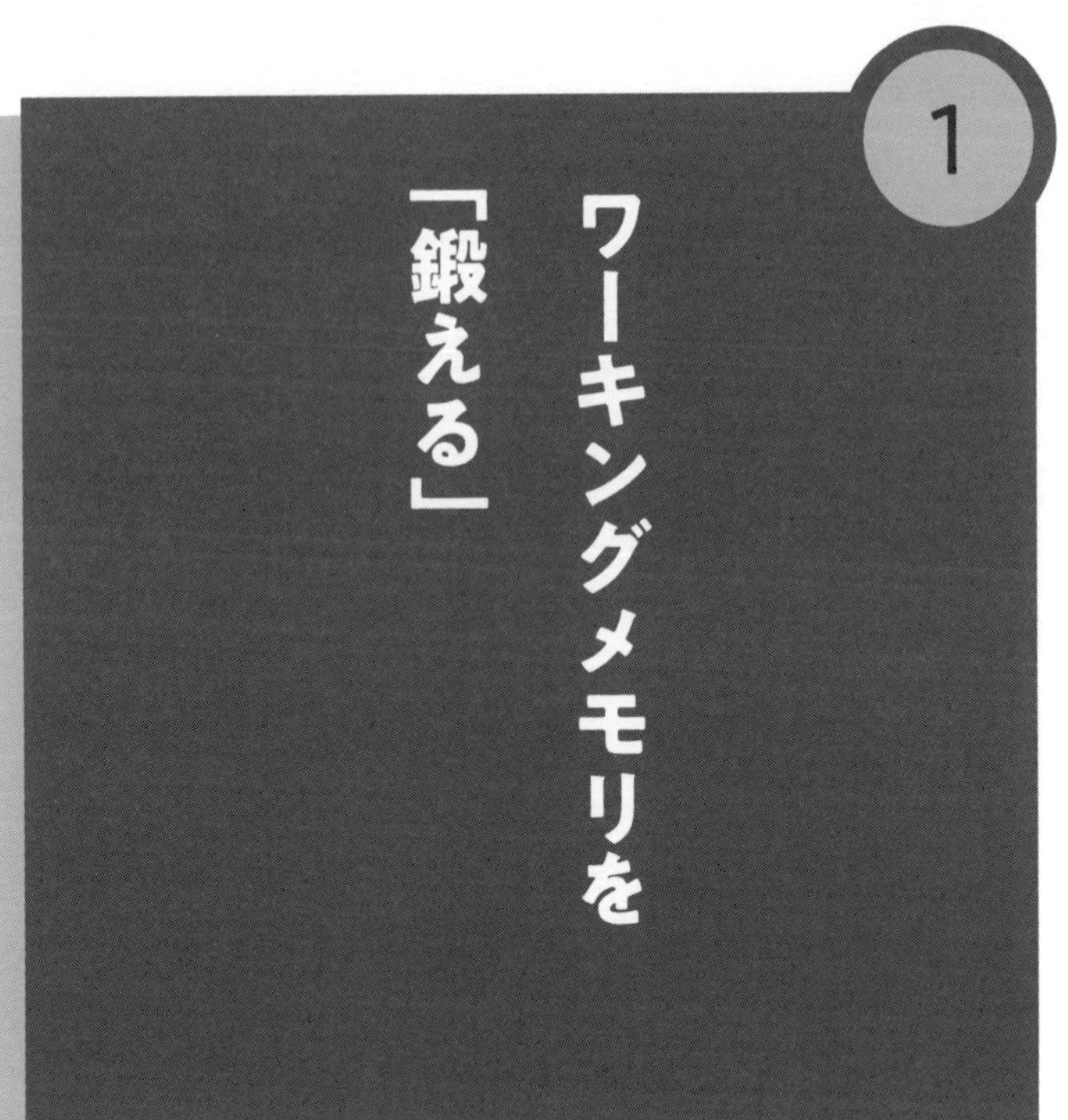

ワーキングメモリは学習だけでなく家庭生活、職業生活でも大切な働きをします。この章ではワーキングメモリを「鍛える」とは何かを考え、どのように「鍛える」のかを考えていきます。

ワーキングメモリトレーニング

ワーキングメモリに弱さがあるためにいろいろな困難が生じるのならば、ワーキングメモリをトレーニングして強くすればよいのではないか、という発想が生まれることは自然なことです。「ワーキングメモリトレーニング」と呼ばれる研究では、ゲームのように少しずつ難易度をレベルアップさせながら情報を一時的に覚える訓練をします。このような訓練がワーキングメモリの働きを強くするとする報告もありますし、その後の学習成績にもよい影響があったとする報告もあります。

しかし話はそう簡単ではありません。そうした成果はないとする報告もあるのです。一般的にワーキングメモリトレーニングでは、トレーニングした課題と似た課題の成績は向上する近転移（near transfer）は得られますが、異なる課題の成績も向上する遠転移（far transfer）は得られにくいことが知られています。私たちのここでの主要な関心である学習の困難の改善は遠転移にあたりますので、期待通りにはいかないわけです。これは筋トレだけをしても野球が上手になるわけではないことを考えてみると直感的に理解できます。

現時点ではワーキングメモリトレーニングに対しては過度な期待をしないことが大切で

す。可能性を追求することは大切ですが、そこに時間を使いすぎると、肝心の学習をする時間、家族と楽しく過ごす時間が奪われてしまいます。

それでも「鍛える」のはなぜか

以上のような理由からこの本は「適応的アプローチ」（第2章1節参照）を推奨しています。その上で第3章ではワーキングメモリを「鍛える」とは何かを考えていきたいと思います。なぜかというとワーキングメモリに弱さのある人の苦しみは大変なものだからです。ある人は「10やったら9は失敗する」と言います。大事なノートを忘れ、資料も忘れ、筆記用具も忘れ、やる気はあるのかを問われて「やる気だけはあります！」と答えるのです。またある人はコンビニエンスストアのアルバイトで、業務後のレジの点検の際に一万円の誤差が、しかもプラスの方に出たのです。一万円札で100円の商品を買った人に9900円のお釣りを返すとき、千円札を数えるのに注意が向いた結果、五千円札のことを忘れて4900円だけ返してしまい、それを1日に2回やったのです。ワーキングメモリの弱さは、数え切れないほどの失敗と周囲の冷たい視線、自己評価の低下を生み出します。

ある人は成人以降ワーキングメモリの弱さが次第に改善した結果、隣の部屋に物を取りに行くときメモが必要なくなりました。そのとき、「普通の人はなんて楽をしていたんだ。ずるい！こんなに楽をしていたのに偉そうにアドバイスしてきていたのか」と思ったそうです。こうした苦しみに対して「鍛える」方向性だけは考えていきたいのです。

ワーキングメモリを「鍛える」とは

ワーキングメモリを鍛えるにはどうすればよいでしょうか。まずワーキングメモリとは何かを知る必要があります。成人の場合は自分の苦手さを知るだけで失敗を減らせることがあります。同じ課題でもやり方を変えるだけで覚えられる数が大きく変わることを知る必要もあります。不安を減らすことも大切です。不安がワーキングメモリの片隅を占めてしまい、考える余裕がなくなることはよく経験されます。事前に物事の手順を考えておくことも大切です。そうすれば実際に取り組んでいるときにワーキングメモリに余裕が生まれます。他の人と学習のコツを共有すること、ワーキングメモリの弱さのある人が自分だけでないことを知ることも大切です。

ワーキングメモリがうまく働くにはどうすればよいか考えていく、そのような取り組みが「鍛える」ということなのです。

2 ワーキングメモリについて知る

自分のワーキングメモリの強さ、弱さを知るだけで、困難を避け、強みを生かしていくことが可能になります。ここでは小学校高学年以降の子どもや大人が自分のワーキングメモリの特性を知ることについて考えます。

ワーキングメモリについて知る

ワーキングメモリに弱さのある子どもや大人は、自分の状態に気づいていないことがあります。検査をして初めて自分のワーキングメモリに弱さがあると知った人はしばしば「みんなそうだ（自分と同じだ）と思っていた」と言います。忘れたり失敗したりすることについては「自分はバカだから」とか「なんで自分はこうなっちゃうんだろう」と思っているのです。一時的に情報を保持するという種類の記憶があることを知っておくことは大事です。

ワーキングメモリの三つの特徴を学ぶ

子どもでもワーキングメモリの三つの特徴を知っておくと役立ちます。第1章2節から4節に紹介したことを子ども向けに具体的に説明し、考える活動をします。まず一つ目に、言語と視空間の違いは子どもに分かるように「言葉」と「絵」「イメージ」と言い換えて説明します。そして第1章2節の図のように地図を題材にしてルートを言葉で説明するやり方とイメージで説明するやり方があることを理解します。さらに学習の中で例えば漢字なら読み学習をするときは言葉が、書き学習をするときはイメージが大切であることを学びます。働いている人なら仕事の状況に応じて、例えば商品の名前を覚えることは言葉が、商品を陳列する位置を覚えることはイメージが大切であることを学びます。

二つ目に、情報を処理しながら覚えておくのは単に情報を覚えるだけよりも難しいことを学びます。例えば３桁の暗算をしているとき一の位の答えを忘れやすいなどです。また、そもそも注意を向けていないことは目で見ていても覚えられないことを知っておくことも大事です。インターネット上に公開されている「selective attention test」という動画(https://www.youtube.com/watch?v=vJG698U2Mvo&feature=youtu.be)が参考になります。バスケットボールで白い服を着た人がドリブルをする回数を数える課題に取り組むと、画面中央を堂々と横切る黒いゴリラに気がつかないのです。

三つ目は長期の記憶に対する短期の記憶についてです。例えば「パンを持ってくることを忘れた子ども」もパンが何であるかを忘れたわけではない、などの例について考えて、知識と一時的な記憶の違いを対比して理解します。そして漢字の読み学習や読解、暗算の中で一時的な記憶が必要な場面を教えます。

決めつけにならないように配慮する

こうした活動を子どもとするときは「言語タイプ」「視空間タイプ」のような決めつけにならないようにします。一つの学習の中に「言葉」や「イメージ」が含まれていることや、学習の種類ごとにどちらのやり方をとる人が何人いるかを調べてみるような一般的な事実として学ぶことはよいのですが、そこから子ども自身をタイプ分けするような活動につなげてしまうと、自分自身をそのように規定してしまう恐れがあります。実際の学習は複雑なので、道順を絵で覚えるのが好きだからといって必ずしも視空間領域の強さがあるとは言えません。

ワーキングメモリのテストを受ける

学習に困難のある子どもではワーキングメモリのテストを受けることも理解につながります。WISC-Ⅳのワーキングメモリ指標や、広島大学の湯澤正通先生が開発したワーキングメモリテストバッテリの HUCRoW の結果が参考になるでしょう。これらの結果を支援者と一緒に日常生活のエピソードと関連付けながら理解していきます。

3

ゲームの活用：情報の処理と保持を体感する

カードゲームやボードゲームの中には、ワーキングメモリの働きを強く要求するものがあります。ここでは、そうしたゲームを通して子どもを理解することについて考えていきます。

ワーキングメモリが働くゲーム

ゲームの中にはワーキングメモリを働かせる必要のあるものがあります。トランプを使った神経衰弱は、自分と他のプレイヤーがめくったカードの情報（数字とカードの位置）を覚える必要があって、ワーキングメモリの働きが必要です。そして取られたカードのことは忘れなければなりません。「このカードは確か8だ」と思ってめくったカードが別の数字だったことがあると思います。たくさんの情報を扱っているうちに、情報をうまく更新できなくなり、別の位置のカードの情報やすでに取られたカードの情報が混ざってきてしまったのでしょう。

こうしたゲームを行えば、必ずしもワーキングメモリトレーニングになるわけではないのですが、子どもがワーキングメモリの働きに着目するきっかけになるでしょう。大人が「子どものとき自分は全然覚えられないのに、みんながどんどん取っていた」と言うことがあり、つまりワーキングメモリの個人差に気づく機会となるのです。また249という数字を「西区（に・し・く）」のようにゴロで効果的に覚えようとする「方略」に気づいたり、使用したりする機会ともなるでしょう。ワーキングメモリに弱さのある子どもではそもそもこのゲームを嫌がることがあります。無理強いは関係悪化につながるので不要です。そのように忌避した場合、ワーキングメモリの弱さがある可能性を示唆するので、支援者は子どもの特性についての情報として理解することができます。

情報の処理＋保持を求めるゲーム

神経衰弱は数字とその位置を覚える、言語領域と視空間領域に対応するゲームと言えますが、もっと情報の処理に重点のあるゲームもあります。図に示したのは有名なドイツのAmigo社のゲームです。絵が描かれたチップをたくさん並べ、1枚目と2枚目が何かを覚えた後小さな板で隠します。そして1枚目の絵チップが何かを思い出せたら3枚目を隠します。そして2枚目が何かを思い出せたら4枚目を隠します。ここまでは情報の保持だけで済みますが以降は次々と覚えては忘れていかなければならないため、情報の処理が求められます。写真では小さな板が2枚ですが難易度を上げるときは3枚使うこともでき、これは大人でも困難です。ワーキングメモリに弱さのある子どもでは2枚でも難しいことがあり、支援者がそうした様子を目の当たりにすると子どもが経験する困難を直感的に理解できます。現在は販売されていませんが自作できます。絵チップを15～20枚ほど自分で描いて、それを覆うための小さな板を2～3枚用意するだけです。

Amigo 社
Hoppla-Hopp
（日本語題はぴょんぴょんメモリーとして販売されていた）

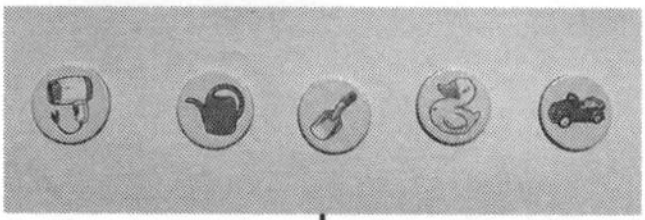

カードを並べる（写真は一部）

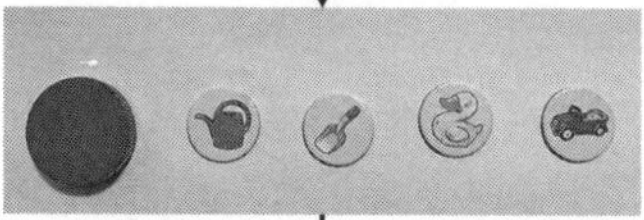

1枚目を覚えてから板で隠す

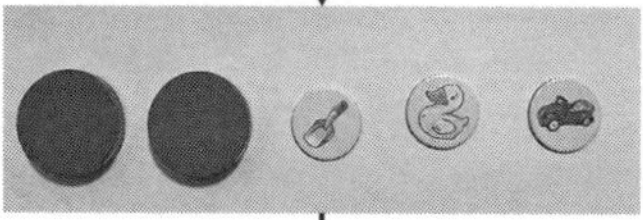

2枚目を覚えてから板で隠す

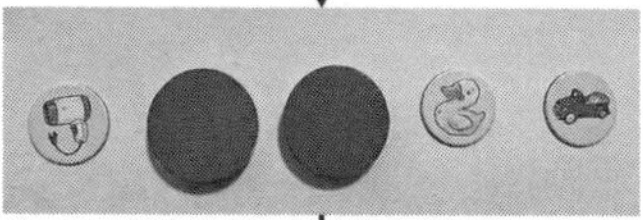

3枚目を覚えて
1枚目が何だったか思い出し
3枚目を隠す

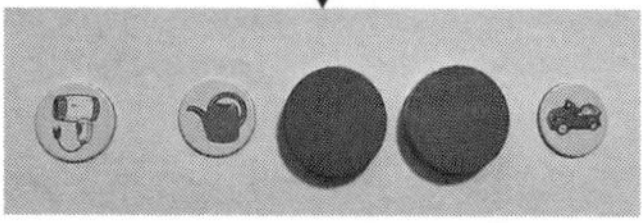

4枚目を覚えて
2枚目が何だったか思い出し
4枚目を隠す

同様の手順で5枚目、6枚目…と進み時間内にどこまで到達できたかが得点になります。

4

ゲームの活用：視空間領域を体感する

ワーキングメモリの弱さそのものがターゲットになったゲームは、子どもが取り組みたがりません。

ゴールを目指すプロセスにおいてワーキングメモリを働かせるようなゲームは楽しく取り組むことができます。

視空間領域の働きが必要なゲーム

前節で紹介したゲームは数とその位置を覚えたり、処理を行いながら保持を行ったりするものでした。もっと視空間領域の働きが求められるゲームもあります。例えばタングラムのように、見本の図形を見ながら手元のパーツを組み合わせて完成させるものやブロックなどです。しかし視空間領域に弱さのある子どもは、そもそもこうしたゲームに取り組もうとしないことがあります。なぜなら図形を完成させるという最も苦手なことがゴールになっているので、負担が大きすぎるのです。

視空間領域の働きが別のゴールのためのプロセスとして用いられるようなゲームがあります。KAYANAK（HABA社）はそのようなボードゲームです。これは魚釣りゲームですが、普通のものと異なるのは氷原の上で氷に穴を開けて、その下の魚を釣るという設定になっていることです。A4サイズの紙に釣り竿の柄でサイコロの目の数だけ穴を開けます。その下に魚がいるのかどうかは分かりません。氷に穴を開けたり、その穴から魚を釣ったりする楽しさがあります。

ワーキングメモリの視空間領域に弱さがある子どもでは同じ穴に二度釣り針を入れたり、まだ釣っていない穴をとばしたりします。どこの穴を釣ったのかはワーキングメモリの視空間領域で保持しなければならないためです。また他のプレイヤーと交代で穴を開けていくのですが、次第にどの穴を開けたのかが分からなくなってくるので、自分や他のプレイヤーの開けた穴の位置を覚えておく必要が高まっていきます。

どんな使い方ができるか

視空間領域に弱さのある子どもでは穴の位置を正しく覚えられないことがあり、支援者は観察のツールとして用いることができます。このように位置を覚えられないのであれば漢字の画の位置も覚えられないだろうとか、算数のおはじきの操作に困難が出るだろうなどと実感できます。

またそうした子どもでも穴の位置を覚えやすくするために、次第に分かりやすく穴を開けるようになります。あちらこちらに穴を開けていたのが、まとまった位置に開けるようになるのです。こうした方略を観察することも学習においてどのような支援を行えばよいのか考えるための参考になります。

視空間領域に弱さがある子どもに対しては、ついパズルなど弱さをターゲットにした課題を実施しがちです。しかしKAYANAKのように別のゴールに向けたプロセスにおいてその弱さを用いるような活動であると、子どもも楽しく取り組める上に、様々な方略を展開しやすいようです。

HABA 社
KAYANAK
（日本語題はカヤナック）

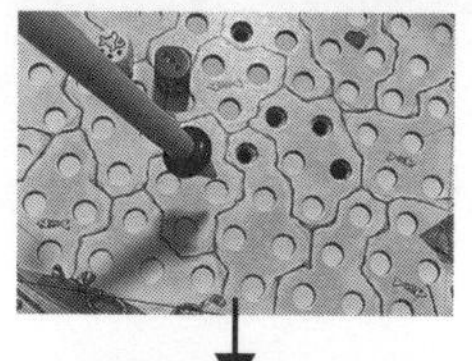

サイコロの数だけ
氷（A4 の紙）に
釣り竿の柄で
穴を開ける

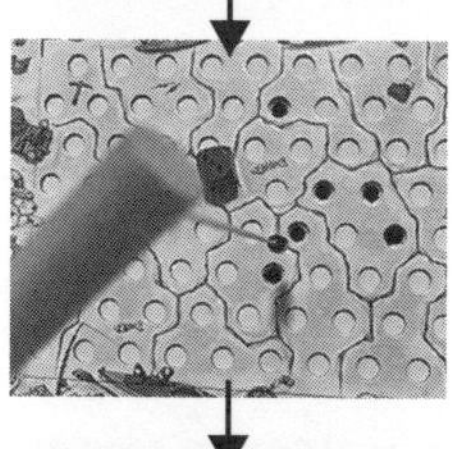

穴に釣り針（磁石）を入れ
魚（鉄の玉）を釣る

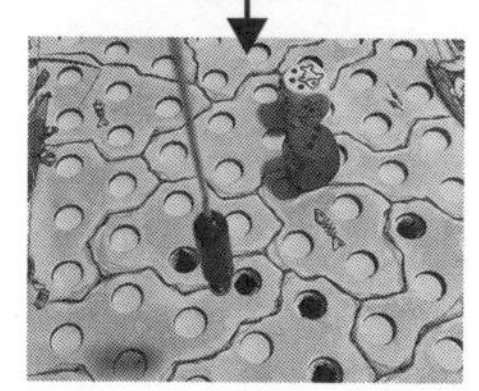

多く釣った方が勝ち

釣った場所と穴を開けた場所を覚えて
おかないと釣り残しが出る

5

ゲームの活用：方略を体験する

ワーキングメモリを働かせるゲームは、方略を使わないときと使ったときとを比べると、よく分かります。方略の大切さがここでは子どもが方略の大切さを学べるようなゲームの一つを紹介します。

ワーキングメモリの働きが必要な別のゲーム

前節では子どもや支援者がワーキングメモリの働きに気づくためのゲームの例を紹介しました。ここでは、もう一歩進んで、やり方を変えると覚えられる数が変わる体験をしていきます。

図のゲームはドイツのAdlung-Spiele社製のものです。トランプのようなカードの表面には一つのカードに一つの絵が印刷されています。最初に絵を表にして何枚かのカードを並べて、子どもが覚えます。次に子どもは目を閉じ、その間に支援者がカードを裏返します。そして子どもは目を開けて何が裏返されたのかを当てるというシンプルなルールです。図では裏返しになったカードが示されているのでどこに難しさがあるのか分かりませんが、実際にやってみると数枚のカードでも意外に思い出しにくいことに驚くでしょう。

子どもの年齢やワーキングメモリの弱さに応じて、最初に並べるカードの枚数や裏返すカードの枚数を調整したり、裏返し方を変えたり（カードをシャッフルして1枚だけ抜き取るなど）できます。ワーキングメモリに弱さのある子どもはいわゆるメモリーゲームを避けることがありますが、このカードゲームでは柔軟にルールを変更して子どもに合わせやすいので、弱さのある子どもも楽しみながらプレイできます。また子どもに花を持たせたいときは、支援者は「逆転のため」と称して10枚以上のカードを並べれば自然に難易度が増し失敗することができます。

方略を変えて取り組む

このゲームでは覚え方、つまり方略を変えると、覚えることのできる枚数は大きく変わります。一つのやり方はストーリーにすることです。図のカードを「家に服を食べられたから金づちで穴を開けたらバナナが出てきたので船に乗ってニワトリに届けた」のようにお話にするだけで覚えられる枚数と精度は格段に上昇します。別のやり方もあります。カードを並び替えてもよいルールとして、衣服、動物のように分類することも効果的です。ゲームを楽しみながらこうした方略について話し合い、方略を使っていなかったときと使ったときでは覚えられる枚数が大きく異なることを体験します。「正しい方略」を決めるのではなく「方略の大切さ」を理解し「いろいろな方略があること」を知り、「方略を使おうとする姿勢」を養うことが目的です。こうした体験を子どもと共有することで、普段の学習においても子どもと方略について相談しやすくなります。

支援者と子どもでの遊び方の一例

Adlung-Spiele 社
Was fehlt denn da?
（日本語題はなくなったものはなーに？）

カードを並べ、子どもが覚える。

↓

覚えたら子どもは目を閉じ、その間に支援者がカードを裏返す。
目を開けてカードが何だったかを当てることができたら、最初に並べたカードの枚数が得点になる。

支援者と交代で取り組み、対決します。最初に並べるカードと裏返すカードの枚数で難易度を調整しやすく、子どもの特性に応じて柔軟に活用できる。

6 ゲームの活用：方略を実行する

前節のゲームでは、方略によって記憶できる物事の数が増えることを体験できました。ここでは、方略によってワーキングメモリの負担を下げることができることを理解できるゲームを紹介します。

生活の中でのワーキングメモリ

ワーキングメモリに弱さのある子どもは日常の中で困難を示すことがあります。例えば片付けのとき少し片付けては疲れてぼんやりし、また少し片付けてはフリーズする。大人が傍から見ていると歯がゆく感じます。

片付けにもワーキングメモリの働きが求められます。床に散らばったものを片付けようとすると「たった今片付けようとするもの」に注意を焦点化し、それ以外のものは「たった今は片付けないもの」として抑制します（第1章10節参照）。そして片付けるものがどの棚に収まるのかを頭に思い浮かべます。つまりどこの棚、どんな分類で片付けるのかという情報もまたワーキングメモリに保持するのです。一つのものを片付けると次のものに注意を切り替えます（第1章10節参照）。物を棚に運ぶ時間もワーキングメモリが働き続けています。

効率的なやり方を比較する

片付けることから方略の大切さを学びましょう。図は片付け場面をゲームのようにして方略を理解するアクティビティです。部屋に何種類かのものがたくさん散らばっていて四隅に片付ける場所があります。

子どもには最初に手当たり次第に片付けてもらいます。一つ片付けたら、その近くのものを片付けます。特定の種類のものだけを先に選んで片付けるのは禁止です。終わるまでの時間を計測しましょう。

次に種類ごとに片付けます。例えば最初にボールだけを選び出して、まとめて片付けていきます。ボールが終わったら四角の積み木だけを選び出して片付けていきます。これも時間を計測します。

前者と後者のやり方を比較すると、大抵は後者の方が早く終わるでしょう。前者は、移動する距離が長いだけでなく、一つのものを片付けようとすると四つの分類、片付け場所を同時に頭に思い浮かべていないといけないことに気づきます。それらを手に取る度にシフティング（第1章10節参照）しなければなりません。これに対して後者は「四角の積み木」という一つの分類と片付け場所だけを思い浮かべて探していけばよいのです。シフトは分類が変わるときだけ生じます。前節のカードゲームはいかに情報を保持するかを体験するものでした。本節はいかに処理を行いながら保持するかを体験するものです。普段気づかないほど細かな場面でワーキングメモリが働いていることを知ることができます。

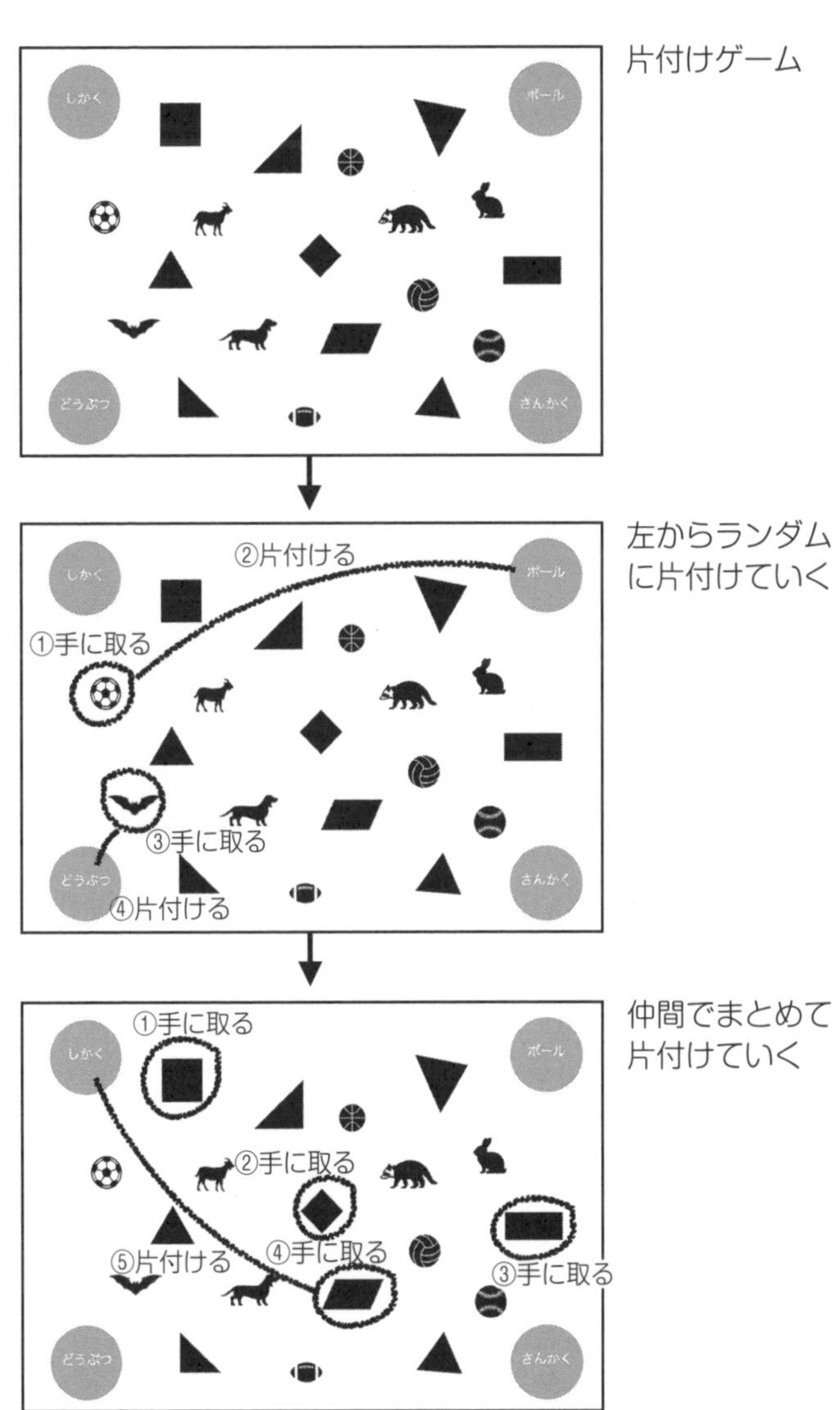

片付けゲーム
しかく
ボール
どうぶつ
さんかく
左からランダム
に片付けていく
①手に取る
②片付ける
③手に取る
④片付ける
仲間でまとめて
片付けていく
①手に取る
②手に取る
③手に取る
④手に取る
⑤片付ける

7 パニックを減らす

ワーキングメモリに弱さのある子どもでは、間違えることに耐えられず、間違いを指摘されるとすぐ怒ったり、パニックになったりすることがあります。ここではパニックを減らすやり方について考えます。

パニックになる

ワーキングメモリに弱さのある子どもでは、学習で分からないことが出てきたときにすぐにパニックになることがあります。間違ったところを大人が指摘した途端に子どもは苦しそうな表情になり、さらに説明の内容がうまく理解できないと怒ったり泣いたりしてそれが長時間続きます。保護者と子どもが家で勉強をめぐって3時間大騒ぎになった、ということも度々耳にします。

子どものワーキングメモリには自分の解答した情報が残っています。修正するためには、その情報を抑制したまま大人の説明によってアップデートする必要があります（第1章10節参照）。さらに目の前のプリントの情報と大人の説明を統合していく必要があります（第1章11節参照）。誤答の修正はしばしばアドリブで行うので、大人も言語に頼ったり、図もその場で描いたりするので時間がかかり、ワーキングメモリの負担が大きくなります（第2章22節参照）。大人の説明はすぐに子どものワーキングメモリの範囲を超えてしまい、子どもは怒るのです。

理解できる経験を増やす

ある子どもは年齢が低いときはよく怒っていましたが、年齢が上がってくると怒らなくなってきました。なぜそうなったのかを聞かれると「自分は新しいことを学習するとき最初はゆっくりと理解するけど、いったん分かってしまうと普通にできる」と言います。このように自分がどのような特性を持っているかを理解し自己効力感を持っていると、分からない問題が出てきたときに落ち着いて待つことができます。ただしそこに至るためには「分からない問題が分かるようになった」という体験が必要です。

エラーレスラーニング

パニックになりやすい子どもを観察していると、「間違っている」と言われることそのものがワーキングメモリの一部を占めてしまい、新しい情報を処理することができなくなるようです。そこでそもそもエラーが生じないように学習を進めます。

その一つのやり方は、子どもの誤答をピックアップするテスト時と、誤答を修正する学習時を分けるものです。例えば理解をチェックするテストをしたときに誤答があってもその場では正誤の指摘をしません。そして次の日以降に子どもが分かるように工夫したプリントを用意して学習するのです。このときは子どもの方でも自分の誤答の情報がワーキングメモリから失われていますので、自分の誤答の情報を抑制せずに、支援者の説明を理解することに注意を集中できます。

またエラーレスで学習するには解答のプロセスをスモールステップ化する必要があります。第2章で取り上げたやり方を使って、エラーレスな学習を積み上げていきます。

特に年齢が増して自分を見つめることができるようになってきた子どもには、見通しが持てるように分かるまでの期間を覚えておく取り組みをします。ある問題ができるようになったとき、できるようになるまでの期間を振り返ったり、学習を始めた時点での不安度とできた後での不安度を数値化したりします。できないことに耐える力を養うとは、できないことを我慢させることではなく、やがてできるようになるという知識と自分が無力ではないという自己効力感を持つようにすることなのです。

8 同じタイプの人を知る

ワーキングメモリに弱さのある人は周囲から理解を得にくく、自分の特性も理解できていないことがあります。同じような特性のある人と会うことで、自分自身を理解し、未来に向かっていくやり方を考えることにつながります。

ワーキングメモリの弱さと孤独感

ワーキングメモリに弱さがあると学習や生活で数え切れないほどの失敗を経験します。授業を聞き始めるとすぐに頭がいっぱいになってしまい、ぼんやりします。ぼんやりしたところで先生に当てられて、答えられず「好きな人のことでも考えていたのか？」と言われ、クラスメイトがどっと笑います。班で打ち合わせをしても情報量がワーキングメモリの範囲を超えてしまい、1人だけ結論を理解できないままの子どももいます。なんとなく、自分はダメなやつだなと思います。学習に困難が顕在化した子どもは字をうまく読めずに他の子どもから馬鹿にされたり、自分で自分のことを馬鹿にしたりします。

しかしそれがワーキングメモリに弱さがあるためであるとはなかなか気づきません。自分以外の人になったことがないので、そうした特徴がみんなも同じだと思っていて、まさか違うものであるという発想が生まれないのです。

自分のワーキングメモリの弱さを知る

ある程度年齢が高くなってからワーキングメモリに弱さのある人がワーキングメモリのテストを受け、弱さがあることを知ると、自分の困難を理解し、対応を取りやすくなることがあります。自分の強みと弱みを知ると今まで自分に起こっていた不思議なことが整理できるようです。コミュニケーションとしての会話はとても上手で、場の雰囲気を読み、場を持たせることもできるのに、作文となると3行書くと次が続かず、「会話するように書けばいいじゃないか」と言われてもできなかったこと。また忘れ物がないように玄関に荷物を置いて視野に入っているのに気づかずに外出してしまうこと。このような、自分でもなぜ起こっていたのか分からなかったことの謎が解けるのです。

自分だけではないことを知る

自分の特性を整理することは過去の失敗を整理し、現在を生きやすくすることにつながります。しかし未来につなげるためには、自分と同じようにワーキングメモリに弱さのある人（できれば年長でしかも弱さとうまく付き合いながら暮らしている人）の存在を知るとよいでしょう。そうした人と「ワーキングメモリの弱さあるある話」をすると自分の進む道筋がみえるものです。隣の部屋に物を取りに行って何を取りに来たのか忘れてしまうことが毎度であることを共有するだけで安心しますし、「自分なんか料理をしていて食器を出そうと思って、後ろの食器棚に振り返った途端、何のために振り返ったのか忘れてたたずんだ」という話を聞くと盛り上がります。ワーキングメモリの弱さという共通点でつながった縁ではあるけれど、個性と個性とが向き合った間柄であり、互いを高め合う関係性であることが大切です。

方略を考える

そして次の段階として、そのような理解者とともによりよく生きるための方略を考えていきます。例えばワーキングメモリに弱さのある大学生がアルバイトでチーフの立場となりました。店長から指示がきたとき他のスタッフにそれを伝えようと復唱するだけで、他の指示を忘れてしまいます。だから横にいたスタッフに「今の頼むね」とワンタッチパスのように伝えます（第2章17節参照）。こうした方略を聞いて自分でも工夫するのです。ただし方略は一人ひとりのワーキングメモリの弱さの特性が異なるため、一人ひとり異なります。またその人がいる状況、どんな課題に取り組んでいるかによっても大きく異なります。私たちも他の人がおすすめするスケジュール帳が使いにくかったことはないでしょうか。方略についてのこうした制約を前提とした上で、方略を押し付けたりせず、どうすればその人が力を発揮しやすいか、個に応じたやり方を考えていくのです。

9

記録を取る

記録を取ることは過去のことを要約し、未来への方向性を決めるために大切です。しかしメモを取ることが難しいことと同様に、記録を取ることも難しいことがあります。ここでは支援者と記録を取るやり方について考えます。

記録することの苦手さ

ワーキングメモリに弱さのある人が資格試験や大学受験を受けようとするとき、困ることがあります。ある程度長い期間を通じ自分で勉強に向かう姿勢や勉強時間をコントロールしなければならないのですが、1日に何をどのくらい勉強したかを継続的に記録したり、それを踏まえて計画したりすることが難しいのです。

ワーキングメモリに弱さのある人は、その日にあったことを思い出すことや字を書いたりキーボードで入力したりすることが苦手な場合があり、また毎日の生活の中で他の刺激に注意を奪われ、記録・計画そのものを思い出せないこともあります。

支援者と過去を整理する

定期的に会う支援者がいるのであれば、支援者と一緒に記録を取ると継続しやすくなります。ただし単に支援者に記録を提出し、支援者がそれをチェックするという一方的な関係性よりは、支援者も自分自身の課題について記録・計画を立て、一緒に取り組んでいく方が継続しやすいようです。近年では勉強について記録・計画するための専用のノート（例：Campus Study Planner・コクヨ）も市販されています。このようなノートが合う人もいますし、もっとオリジナルのやり方（ブロックメモを使うなど）が合う人もいて、方略はそれぞれで、変化もしていきます。スマートフォンのアプリや表計算ソフトを活用できることもあります。

記録を取る内容は人によって異なりますが、学習以外にも①その日のグッドニュース、②運動・瞑想、③睡眠時間を含めるとよいでしょう。

ワーキングメモリに弱さがあり、なおかつ物事をネガティブに捉えがちな人では、悪い視点にばかりワーキングメモリが占められてしまい、よかったことが入る余地がない場合があります。ネガティブな感情がワーキングメモリを占有することをできるだけ防ぐため、グッドニュースを記録し別の視点を持つ習慣をつけます。

また適度な運動もワーキングメモリを健全に働かせるために重要です。腹筋や階段を使うなどすぐにできることから始めます。瞑想も重要です。ワーキングメモリに弱さのある人では抑制（第1章10節参照）が苦手で、何かを取り組んでいると頭の中に浮かんできた他の刺激に反応し、ワーキングメモリの一角を占め、集中できなくなることがあります。瞑想は頭の中を空白にして次の新しい課題に取り組みやすくしたり（更新）、頭の中に様々な情報が浮かんできていることを認識し、呼吸や音など一つのものに注意を向けたり

（抑制）、体の各パーツに注意を切り替えていく（シフティング）、実行機能（第1章10節参照）に関連する練習をする時間になります。マインドフルネスの技法が参考になるでしょう。

得点化する

記録は簡易にして続けやすくします。「グッドニュース5ポイント」「運動を少しでもすれば5ポイント」のように点数化し、表計算ソフトで1ヶ月の累積ポイントを表示するようにするやり方も考えられます。クラウドで共有してそれぞれが毎日記入することもできます。

こうした幅広い記録を全く好まない人もいます。その人の個性に応じたやり方をとっていきます。例えば受験勉強用の長時間タイマー（写真はdretecの約200時間のタイマー）を使って、支援者と一緒に毎月の目標時間を超えることを目指すやり方もあります。

dretecの約200時間のタイマー

10

学習のやり方を知る

ワーキングメモリに弱さのある人の中には、自分に合った学習のやり方を持っていない人がいることもあります。効果のあるやり方を支援者とともに探り、見つけていくことは大切です。

適切な学習のやり方を持っていない

ワーキングメモリに弱さがあって学習に困難のある人では、高校生になっても適切な学習のやり方を知らないことがあります。問題集に取り組むとき、一般的には間違えた問題にチェックや日付を入れたり、間違った問題の答えを見た後、答えを隠して自分で思い出そうとしたりします。しかしこうしたことをせず、ただ答えや解説を読むだけなのです。当然、直後にもう一度テストをしても、正しく答えることができません。

一般的なやり方を使うことができない

適切な学習のやり方を使わないことを責めることはできません。ワーキングメモリに弱さがある人では様々な理由で一般的な学習のやり方が合わず、自分に合ったやり方も限られているためです。例えば、書くことが難しく（第2章5節、第2章9節、第2章17節参照）、チェックや日付を書くことすら負担に感じて、読むだけの学習をしていることがあります。

ワーキングメモリに弱さのある人には、なぜそのようなやり方をとるのか、なぜ一般的なやり方をとらないのかを直接尋ねてみることが大事です。「友達と一緒に問題を作って出し合うのはどう?」と聞いてみると「やってみたことはあるけど、結局、お互いに成績が低い同士だから、意味のある問題が作れなかった」などと問題点が分かることがあります。国語の本文を全く読まずに設問から取り組み始める人に「まず本文を読んだらどうか?」と聞くと、はーっとため息をついて「先生、俺読むのが遅いからそれをしてたら間に合わないいんだよ」と答える人もいます。

飛行機があっても飛行場に行く手段がなければ乗ることができないように、一般的な学習方法もそれを使う前提条件が整っていなければ使うことができません。だとすれば、今その人ができる方法を出発点にすることが基本になります。

相談しながら考えて、実行していく

ワーキングメモリに弱さのある人では学習のやり方そのものを思い出せなかったり、自分では実行できなかったりしますので、自力で実行できるような学習のやり方は可能な限りシンプルなものにします。図はテキストを自分で一問一答の形にして学習できるように支援者と一緒に枠組みを作ったものです。左側に問題を書き、右側にその答えを書きます。真ん中の線で紙を折って自分でテストをします。書き方も例として複数のパターンを示しています。毎日あるいは毎週復習して、正解したら○を間違えたら×を書きます。3回連続で○がついたらその問題は終わりという基準も明示しています。終わった日付も記入して、終わっていない問題の復習に集中できるようにします。重要な問題は旗のマークに○をつけて、必要があれば後で復習します。

記入例	例　3回連続○でクリア		山田, 2011, 病弱, p63
1/23	○ × ○ ○ ○	1/30 終了	社会福祉事業を行うことを目的として社会福祉法にもとづいて設立されている法人
定義説明	社会福祉法人とは		
用語想起	社会福祉事業を行うことを目的として社会福祉法にもとづいて設立されている法人　ヒント：しゃ		社会福祉法人
下線部	社会福祉法人は＿＿＿法にもとづいて設立されている		社会福祉
英語想起	私は夏休みの間に東京にいます。 I am in Tokyo d＿＿＿ summer vacation.		during
意味想起	I am in Tokyo during summer vacation.		私は夏休みの間に東京にいます。
/		/ 終了	
/		/ 終了	
/		/ 終了	
/		/ 終了	
/		/ 終了	

11

変えられないもの、変えられるもの、がある

ワーキングメモリの変えられないもの、変えられるものを考えます。変えられることはどんなことなのかイメージを持ちましょう。

この本の流れ

ここまで第1章ではワーキングメモリとそれに関連する学習について理論的な側面を、第2章では第1章の知識を生かしてどのように学習の支援を行うか実践的な側面を、第3章ではワーキングメモリを「鍛える」ことについて学習と関連付けながら述べてきました。「ワーキングメモリトレーニング」や「ワーキングメモリの改善」という言葉について一般的にイメージされることと研究における取り扱いには違いがあります。理想通りに「ワーキングメモリを改善することで自然とその後の学習や生活も改善する」という流れで進めばよいですが、実生活では「ワーキングメモリの弱さに翻弄されながらもワーキングメモリに配慮しつつ学習や生活を改善する」ことが多いと思われます。そのため本書ではワーキングメモリを強くすることをメインターゲットにするのではなく、今その人にある特性のままで短所を補償し、長所を活用する適応的アプローチに基づいて記述をしています。また「トレーニング」ではなく「鍛える」という表現にしています。

変えられないものと変えられるもの

ではワーキングメモリに弱さのある人は、ワーキングメモリの特性を変えることはできないのでしょうか。その弱さが生み出す失敗と周囲の冷たい視線、自己評価の低下に苦しみ続けなければならないのでしょうか。ワーキングメモリに弱さのある人も人生は続いていきます。社会生活をする上でワーキングメモリに由来する失敗は最小化できるに越したことはありません。

ワーキングメモリの変えられないもの、変えられるものについてGathercoleら（2019）はスマートフォンで例えています。スマートフォンは本体のハードは変えられなくても、OSはアップデートでき、性能を向上させることができる。つまりやり方を変えることで一時的に記憶する働きは改善することができるということです。これは現代的で身近な表現です。

私は同じことについて少し別のイメージを活用しています。木に例えると、ケヤキ、ツゲなどにはそれぞれの木の特性がありますが、その特性を変えることはできません。しかし住んでいる場所、日の当たり方に応じて成長とともに枝振りを変えることはできます。ワーキングメモリの「変えることができること」もこれと同様です。ワーキングメモリの弱さに苦しんでいる人には、日の当たる方、つまり興味関心のある方へ枝を伸ばして変化して欲しいし、それは可能であることを知っていて欲しいのです。少なくともワーキングメモリの特性は変えられないと決めつけるよりは、変えられないものと変えられるものがあると考える方がよりよく生きることにつながると思います。

分度器の教材の話

ある子どものために分度器のコンピュータ教材を作りました。その子どもはワーキングメモリに弱さがあって、教科書で分度器のことを初めて学んでから7年間も角度をうまく測ることができませんでした。コンピュータ教材には本書で紹介した考え方を投入しました。たった数回の学習を経てコンピュータ教材でならば角度が測れるようになり、その後さらにプリントにも取り組みました。いよいよ本物の分度器を使ってプリント上の図形の角度を測っているとき、その子だけにスポットライトが当たっていて私は舞台の袖から見ている気がしました。正しく測った角度の数字をプリントに書き込んだ後、その子どもは照れたように「いやあ、できちゃったよ」と言いました。

ずっとできるようになりたかったのでしょう。「変わりたい」「できるようになりたい」という子どもの気持ちを、ワーキングメモリの視点とそれに応じた支援技術が、そして「変えられるものがある」という考え方が支えるのです。

参考文献

Alloway, T. P.（2010）. Improving Working Memory: Supporting Students'Learning. Sage.（湯澤美紀・湯澤正通訳「ワーキングメモリと発達障害―教師のための実践ガイド２」北大路書房　2011年）.

Baddeley, A.（2017）. Exploring Working Memory: Selected works of Alan Baddeley. Routledge.（佐伯恵里奈・齊藤智監訳「ワーキングメモリの探究―アラン・バドリー主要論文集」北大路書房　2020年）.

Gathercole, S. E. & Alloway, T. P.（2008）. Working Memory and Learning: A Practical Guide for Teachers. Sage.（湯澤正通・湯澤美紀訳「ワーキングメモリと学習指導―教師のための実践ガイド」北大路書房　2009年）.

Gathercole, S. E., Dunning, D. L., Holmes, J. & Norris, D.（2019）. Working memory training involves learning new skills. Journal of Memory and Language, 105, 19–42.

河村暁（2018）．算数・数学の支援．本郷一夫（監修）・湯澤正通（編著）．知的発達の理論と支援．金子書房．pp.40–51.

河村暁（2019）．ワーキングメモリを生かす指導法と読み書き教材―学習困難な子どものつまずき解消！　学研プラス．

Miyake, A. & Friedman, N. P.（2012）. The Nature and Organization of Individual Differences in Executive Functions: Four General Conclusions. Current Directions in Psychological Science, 21(1), 8–14.

大塚一徳（2014）．ワーキングメモリのアセスメント．湯澤正通・湯澤美紀（編著）．ワーキングメモリと教育．北大路書房．pp.59–78.

苧阪満里子（2014）．もの忘れの脳科学．講談社．

齊藤智（2000）．作動記憶．太田信夫・多鹿秀継（編著）．記憶研究の最前線　第２章．pp.15–44.　北大路書房．

齊藤智・三宅晶（2014）．ワーキングメモリ理論とその教育的応用．湯澤正通・湯澤美紀（編著）．ワーキングメモリと教育．北大路書房．pp.3–25.

Siegel, L. S.（1994）. Working memory and reading: A life-span perspective. International Journal of Behavioral Development, 17(1), 109–124.

上田敏（1983）．リハビリテーションを考える．青木書店．

湯澤正通・湯澤美紀（2017）．ワーキングメモリを生かす効果的な学習支援―学習困難な子どもの指導方法がわかる！　学研プラス．

湯澤正通（2019）．ワーキングメモリの発達と児童生徒の学習：読み書き・算数障害への支援．The Japanese Journal of Developmental Psychology, 30(4).

湯澤美紀・河村暁・湯澤正通（編著）（2013）．ワーキングメモリと特別な支援―一人ひとりの学習のニーズに応える．北大路書房．

【著者紹介】
河村　暁（かわむら　さとる）
広島文化学園大学准教授
筑波大学博士課程人間総合科学研究科修了。博士（心身障害学）。民間支援機関「発達ルームそら」にてワーキングメモリの観点に基づき学習支援を行ってきた。2021年４月より現職。
主な著作 『ワーキングメモリを生かす指導法と読み書き教材―学習困難な子どものつまずき解消！』（学研）

〔本文イラスト〕梅津ちお・河村暁

理論に基づいた「学習」を目指して…
教室の中のワーキングメモリ
弱さのある子に配慮した支援

2021年９月初版第１刷刊 ©著　者 河　村　　暁
2024年１月初版第６刷刊 発行者 藤　原　光　政
発行所 明治図書出版株式会社
http://www.meijitosho.co.jp
（企画）佐藤智恵（校正）武藤亜子
〒114-0023　東京都北区滝野川7-46-1
振替00160-5-151318　電話03(5907)6703
ご注文窓口　電話03(5907)6668

＊検印省略　組版所 株式会社アイデスク

Printed in Japan　ISBN978-4-18-349815-1